Kohlhammer

Die Autoren

Dr. Matthias Buntrock ist Professor für Gesundheits- und Sozialmanagement an der FOM Hochschule für Oekonomie und Management am Standort Dortmund.

Dr. Thomas Kreuzer ist Professor an der FOM Hochschule für Oekonomie und Management in Frankfurt am Main und Direktor der Fundraising Akademie.

Wolfgang Kroeber arbeitet als selbstständiger Berater und Kommunikationstrainer.

Matthias Buntrock
Thomas Kreuzer
Wolfgang Kroeber

Sozialmarketing

Ein Lehr- und Praxisbuch
für die Sozialwirtschaft

Verlag W. Kohlhammer

Dieses Werk einschließlich aller seiner Teile ist urheberrechtlich geschützt. Jede Verwendung außerhalb der engen Grenzen des Urheberrechts ist ohne Zustimmung des Verlags unzulässig und strafbar. Das gilt insbesondere für Vervielfältigungen, Übersetzungen, Mikroverfilmungen und für die Einspeicherung und Verarbeitung in elektronischen Systemen.

Die Wiedergabe von Warenbezeichnungen, Handelsnamen und sonstigen Kennzeichen in diesem Buch berechtigt nicht zu der Annahme, dass diese von jedermann frei benutzt werden dürfen. Vielmehr kann es sich auch dann um eingetragene Warenzeichen oder sonstige geschützte Kennzeichen handeln, wenn sie nicht eigens als solche gekennzeichnet sind.

Es konnten nicht alle Rechtsinhaber von Abbildungen ermittelt werden. Sollte dem Verlag gegenüber der Nachweis der Rechtsinhaberschaft geführt werden, wird das branchenübliche Honorar nachträglich gezahlt.

Dieses Werk enthält Hinweise/Links zu externen Websites Dritter, auf deren Inhalt der Verlag keinen Einfluss hat und die der Haftung der jeweiligen Seitenanbieter oder -betreiber unterliegen. Zum Zeitpunkt der Verlinkung wurden die externen Websites auf mögliche Rechtsverstöße überprüft und dabei keine Rechtsverletzung festgestellt. Ohne konkrete Hinweise auf eine solche Rechtsverletzung ist eine permanente inhaltliche Kontrolle der verlinkten Seiten nicht zumutbar. Sollten jedoch Rechtsverletzungen bekannt werden, werden die betroffenen externen Links soweit möglich unverzüglich entfernt.

1. Auflage 2025

Alle Rechte vorbehalten
© W. Kohlhammer GmbH, Stuttgart
Gesamtherstellung: W. Kohlhammer GmbH, Heßbrühlstr. 69, 70565 Stuttgart
produktsicherheit@kohlhammer.de

Print:
ISBN 978-3-17-037998-5

E-Book-Formate:
pdf: ISBN 978-3-17-037999-2
epub: ISBN 978-3-17-038000-4

Vorwort

Mit Beginn der 1980er Jahre wurde der Marketingbegriff erweitert. Nicht nur Autos, Waschmittel und andere Produkte standen von nun an im Vordergrund, Marketing wurde darüber hinaus ebenso auf Dienstleistungen ausgeweitet. Auch die Soziale Arbeit und die Sozialwirtschaft wurden daher nach und nach integriert.

Eine zweite Erweiterung des Marketings betraf die Organisationsformen in den 2000er Jahren. Nicht nur gewinnorientierte Unternehmen, sondern auch Non-Profit-Organisationen wurden nun – einschließlich aller Anspruchsgruppen und Austauschbeziehungen – in das strategische Marketing einbezogen. Die Kundenzentrierung des »alten« Marketings wurde durch die Analyse von Anspruchsgruppen (Leistungsempfänger:innen, Leistungserbringende, Kostenträger, Mitglieder, Spender:innen, Öffentlichkeit) abgelöst.

Hier soll das Buch ansetzen und erstmals alle aktuellen Erkenntnisse zum Sozialmarketing kompakt bündeln. Es soll kein klassisches Lehrbuch des Marketings oder Non-Profit-Marketings sein, davon gibt es genügend gute Bücher am Markt. In den letzten zehn Jahren unserer Lehrtätigkeiten im Bereich Sozialmarketing zeigte sich die Problematik mit der vorhandenen Literatur. Sie ist zu wenig anwendungsbezogen oder für Studierende der Sozialen Arbeit schwer verständlich und oftmals zu betriebswirtschaftlich. Daher danken wir für die Unterstützung bei Korrektur und Durchsicht Mara Tendick, Nicolas Müller und André Neumann. Ein besonderer Dank gilt unserer Lektorin, Kerstin Weissenberger, für ihre Geduld, Umsicht und hohe Professionalität.

Das vorliegende Buch Sozialmarketing versteht sich daher als Studien- und Handbuch, insbesondere für Studierende der Sozialen Arbeit, Studierende sozialwissenschaftlicher Studiengänge, aber auch Anwender:innen in der Sozialwirtschaft. Mit diesem Buch erhalten Sie einen anwendungsbezogenen Leitfaden für Marketing, insbesondere Öffentlichkeitsarbeit und Werbung.

Dortmund/Frankfurt a. M./Schwerin, im Sommer 2025

Matthias Buntrock
Thomas Kreuzer
Wolfgang Kroeber

Inhalt

Vorwort		5
1	**Vorbemerkung**	11
2	**Zum Begriff der Multioptionsgesellschaft**	15
	2.1 Die Grundaussage zur Definition von Gesellschaft	17
	2.2 Megatrends der Zielgruppen	19
3	**Einflussfaktoren auf das Marketing von Organisationen und Unternehmen**	21
4	**Zum Thema Marketing**	24
	4.1 Die Position von Marketing	25
	4.2 Markt und Konkurrenz	27
	4.3 Wettbewerb	28
	4.4 Das Marktprinzip: Der Tausch	30
	4.5 Der Markt als Struktur	32
	4.6 Marktsegmentierung	33
5	**Identität und Corporate Identity**	38
6	**Marketing als Gestaltungsaufgabe**	40
	6.1 Geschäftsfelder-Marketing	41
	6.2 SWOT-Analyse	41
	6.3 Marketing-Mix-Faktoren	43
	6.4 Marketing-Mix-Faktoren im Rahmen der Marketingpolitik	45

7	**Spezielle Instrumente des Marketings**	**48**
	7.1 Individualisiertes Marketing	48
	7.2 Permission Marketing	49
	7.3 Neuronales Marketing	49
	7.4 Guerilla-Marketing	50
8	**Die Marke**	**52**
	8.1 Mythos Marke	52
	8.2 Markenpolitik	53
9	**Kommunikationspolitik des Unternehmens**	**56**
	9.1 Kommunikations-Mix-Faktoren	57
	9.2 Reklame oder Werbung	59
10	**Werbung als Instrument im Marketing-Mix**	**61**
11	**Definition Werbung**	**63**
	11.1 Ziele der Werbung	66
	11.2 Werbeplanung und Werbestrategie	68
12	**Public Relations – PR**	**72**
13	**Verkaufsförderung**	**75**
14	**Direktmarketing (Response-Kommunikation)**	**77**
15	**Interne Kommunikation**	**81**
	15.1 Neun Thesen zur internen Kommunikation im Marketing	81
	15.2 Kommunikationsinhalte	84
16	**Zielgruppen, Kund:innentypen und Lebensstiltypen**	**88**
17	**Mediaplanung**	**91**
	17.1 Fachbegriffe der Mediaplanung	92
	17.2 Checkliste Mediaplanung	93

18	Das Sieben-Phasen-Modell von Marketing- bzw. Kommunikationskampagnen nach Wolfgang Kroeber	**95**
18.1	Phase 1 – Sensibilisierung und Fragestellung	96
18.2	Phase 2 – Beantwortung der Fragen	106
18.3	Phase 3 – Ziele formulieren	108
18.4	Phase 4 – Planung und Strategie	111
18.5	Phase 5 – Taktische und kreative Maßnahmen	119
18.6	Phase 6 – Produktion, Kommunikation und Distribution	123
18.7	Phase 7 – Kontrollphase	125

Literaturverzeichnis **129**

1 Vorbemerkung

Wer sich als Non-Profit-Organisation (NPO) glaubwürdig, wünschenswert, sympathisch und erfolgreich positioniert, hat eine Chance, Aufmerksamkeit in einer Welt der »Überinformation« zu erzeugen. Wer es sogar schafft, sich im Bewusstsein und den Nutzenvorstellungen der Adressat:innen langfristig positiv einzunisten, ist gut positioniert.

Positionierung einer NPO im Markt setzt gegenüber Mitbewerbern eine deutlich erkennbare Identität voraus. Eine starke Identität und glaubwürdige Mission vermitteln Mitarbeitenden und Marktpartnern Verlässlichkeit und Sicherheit, und das ist in der aktuellen Marktsituation von besonders großem Wert.

Der Schweizer Soziologe Peter Gross beschrieb schon 1994 in seinem Werk »Multioptionsgesellschaft« das herausragende Prinzip der Gesellschaft, in der Steigerung der Optionen und dem Verlust an Gewissheit, was nach Gross auch mit einer metaphysischen Orientierungslosigkeit einhergeht (vgl. *Gross*, 1994, S. 15 ff.). Optionen sind dementsprechend prinzipiell realisierbare Handlungsmöglichkeiten. Wenn alles zur Option wird, dann gibt es keine Verbindlichkeiten. NPOs, die gegenüber Spender:innen und Stifter:innen ihre Identität glaubhaft präsentieren, vermitteln verlässliche Werte und geben Orientierung. Das ist besonders wichtig in einer Zeit der empfundenen Unzuverlässigkeit, der Krisen und Konflikte.

Effiziente Lösungen eines Marktproblems setzen immer auf das ökonomische Prinzip. Entweder geht es um das Entwickeln einer Marketingstrategie, die mit den verfügbaren Mitteln einen möglichst großen Umsatz oder Erfolg erreicht, oder um die Frage, wie ein gegebenes Marketingziel mit den geringsten Kosten erreicht werden kann.

1 Vorbemerkung

Effektive Lösungen eines Marktproblems suchen stets einen langfristigen Markterfolg, z. B. über eine besondere Qualität der Kund:innenansprache, um eine langfristige Kund:innenbindung oder Spender:innenbindung zu erreichen.

Jede Marketingaktivität und jede darauf aufbauende Kommunikationsplanung setzt eine klar definierte Identität, eine Corporate Identity (CI), voraus, aus der sich ein verbindliches Leitbild ableitet. CI und Leitbild bestimmen die ganzheitlichen Aktivitäten eines Unternehmens am Markt.

Für die Bearbeitung des vorliegenden Buches stellt sich die Frage nach Ihrem eigenen Erkenntnisinteresse. Welchen persönlichen Einfluss haben Sie selbst auf das Marketing, das Soziale Marketing Ihres Unternehmens, Ihrer Organisation? Sie erhalten mit dieser Einführung eine Denkhilfe, um eine systematische und gesellschaftlich verantwortliche Marketing- und Kommunikationspolitik für Unternehmen und Organisationen zu planen. Wer stärker in die Materie einsteigen möchte, sollte die weiter vertiefenden Fachbücher heranziehen. Fachwissen ist heute die entscheidende »Kulturtechnik« im globalen und auch regionalen Markt, um die Existenz des eigenen Unternehmens langfristig zu sichern.

Der amerikanische Marketingfachmann Philipp Kotler bezeichnet Social Marketing als eine Managementtechnik. Wie das kommerzielle Marketing setzt sie strategisch Programme der Analyse, Planung, Umsetzung und Kontrolle ein, die das Ziel haben, die Akzeptanz einer gesellschaftlichen Vorstellung oder Verhaltensweise bei einer oder mehreren Zielgruppen zu beeinflussen (vgl. *Kotler & Zaltman*, 1971, S. 4). Social Marketing zielt von daher immer auch auf Haltungsänderungen und häufig auf gesellschaftlichen Wandel.

Als Instrumente stehen hier Konzepte der Marktsegmentierung, Konsumforschung, Produktkonzipierung und -prüfung, zielgerichtete Kommunikation, soziale Aktivierung, Anreize und Austauschtheorien zur Maximierung der Reaktion einer Zielgruppe zur Verfügung. Kommerzielles Marketing unterscheidet sich vom Sozialen Marketing dadurch, dass kommerzielles Marketing Produkte oder Dienstleistungen vermarktet zum Zweck der Gewinnmaximierung. Soziales Marketing vermarktet immaterielle Produkte und Dienstleistungen; d. h. Angebote, die sozialer

Natur sind, gesellschaftliche Denkweisen oder Verhaltensmuster beinhalten.

> Sozialmarketing bedeutet die systematische Analyse, Planung, Umsetzung und Kontrolle sämtlicher interner und externer Aktivitäten, öffentlicher, gemeinnütziger oder privater Träger des Dritten Sektors. Durch eine konsequente Ausrichtung an den Bedürfnissen und Erwartungen der Anspruchsgruppen ermöglicht Sozialmarketing die Erfüllung der leistungsbezogenen, operativen und strategischen Ziele einer Organisation.

Erfolgreiches Marketing und Kommunikation sind eine Führungs- und Leitungsaufgabe und von daher Teil des Managements. Das Kommunikationsmanagement eines langfristig erfolgreichen Unternehmens oder einer Organisation (die Begriffe werden in diesem Buch synonym verwendet) vermittelt – nach innen und außen – der Öffentlichkeit glaubwürdig die Leistung und die Persönlichkeit eines Unternehmens und motiviert damit zugleich die Mitarbeitenden.

Das Marketing ist eingebettet in die lokalen, regionalen, nationalen und globalen gesellschaftlichen Wandlungsprozesse und deren Trends. Matthias Horx antwortete auf die Frage nach den Megatrends und dem Zukunftsmarketing in der Fachzeitschrift »absatzwirtschaft«: »*Das Marketing, so wie wir es in den 80er und 90er Jahren kannten, ist am Ende. Die Aufmerksamkeitsschwellen der Menschen werden immer höher, die Medien fraktaler, die Kunden individueller und anspruchsvoller.*« Horx sieht Marketing dementsprechend zunehmend als »künstlerische Tätigkeit« und als »kunstvollen Kommunikationsakt«. »*Die Moralfrage wird sich für die Unternehmen sehr viel stärker stellen. [...] Die Frage des unmittelbaren Kontaktes zum Kunden, die Ehrlichkeit und Authentizität des Produktes*« sieht Horx als wichtiges Merkmal des Marketings der Zukunft (*Horx*, 2006, S. 31).

Mit den Finanzkrisen ab Herbst 2008/2009 und deren Folgen stehen auch neoliberale Konzeptionen endgültig zur Diskussion. Hinzu kommen die neuen Erfordernisse aus der Coronakrise und der »Zeitenwende« ab 2022. Der Staat wird zunehmend aufgefordert, durch finanziellen oder

1 Vorbemerkung

politischen Einfluss in die Geschäftspolitik insolventer Unternehmen – bevorzugt in der Finanzindustrie – einzugreifen.

2 Zum Begriff der Multioptionsgesellschaft

Marketingaktivitäten sind eingebettet in die Gesellschaft, regional, national und global. Marketing ist ohne eine gesellschaftliche Einbettung und den gesellschaftlichen Bezug nicht zu denken. Eine Positionierung eines Unternehmens am Markt bestimmt die differenzierte Ausprägung der Unternehmung. Die Positionierung einer Unternehmung am Markt setzt gegenüber Mitbewerbern, potenziellen und treuen Kund:innen eine deutlich erkennbare Identität voraus. Eine starke Identität und glaubwürdige Mission vermitteln Mitarbeitenden und Marktpartnern Verlässlichkeit und Sicherheit. Und das ist in einer überforderten Gesellschaft (Armin Nassehi) von besonders großem Wert.

Der Begriff »Gesellschaft« wird in der sozialwissenschaftlichen Literatur unterschiedlich definiert. Hier soll eine spezifische Betrachtung von Gesellschaft vorgenommen werden, die von Wahl, einer Vielzahl an Produkten sowie von Optionen in Angeboten und Lebensmöglichkeiten geprägt ist. Das Individuum ist permanent angehalten und gefordert, sich zu entscheiden. Damit ist ein zentrales Kennzeichen gegenwärtiger Gesellschaften die Steigerung der Optionen, Verlust an Gewissheit, die Überfülle an Ereignissen und die daraus resultierende metaphysische Orientierungslosigkeit bzw. Individualisierung.

Als problematisch wird in dieser Gesellschaft das Unbehagen an der Moderne (Charles Taylor) mit ihrer zunehmenden Komplexität der Alltagswelt und der zunehmenden Krisenfurcht empfunden. Sie erfordert einen ständigen Entscheidungsaufwand durch die unüberschaubare Vervielfältigung von Möglichkeiten und Handlungsalternativen. So ist es zu verstehen, wenn moderne Zielgruppen nach »Einfachheit«, einem leichten Zugang zu Informationen und Problemlösungen suchen. Traditionelle Konsument:innen und Spender:innen fordern »Einfachheit«,

Schlichtheit und die Reduktion der Möglichkeiten. Simplere Geräte mit einfachen Basisfunktionen werden Geräten mit ausgefeilter Funktionalität und Qualität vorgezogen. Die Reaktion auf Komplexität ist immer häufiger die Weigerung, sich mit unnötigen Extras auseinanderzusetzen und damit Lebensenergie und Lebenszeit zu vergeuden. Das gilt ebenso für die Darstellung komplexer Anliegen sozialer Institutionen.

Aufs Ganze gesehen, ist weiterhin eine deutlich wachsende Polarisierung und Ungleichheit in der Gesellschaft zu beobachten. Gesellschaftliche Asymmetrien nehmen zu. Einerseits das moderne gehobene Segment und auf der anderen Seite der sog. »Mainstream« mit einer inzwischen sichtbaren Unterschicht. Hinzu kommen die steigenden Kosten für Alltag und Lebensführung sowie die Befürchtungen, die aus dem Klimawandel resultieren. So unterscheiden sich deutlich die jeweiligen Zukunftserwartungen, das Lebensgefühl, die Problemwahrnehmung und die gewünschte Weiterentwicklung der Gesellschaft.

Im Überangebot lokaler, nationaler und globaler Waren und Dienstleistungen auf dem bundesdeutschen Markt wird das Prinzip der Vielfalt und Multioption deutlich: Zwar gibt es eine unüberschaubare Fülle an Angeboten, doch haben immer mehr Erwerbslose und Geringverdiener:innen nicht immer die finanzielle Kraft, diese Optionen zu nutzen. Mit der Kostensteigerung wächst der Widerspruch zwischen Angebotsvielfalt und sinkender Kaufkraft. Hinzu kommen noch der Mangel an Fachkräften wie auch die vermeintliche Bedrohung der Flüchtlingsbewegungen.

Das Prinzip des modernen Markts baut auf dem Tausch von Waren und Leistungen gegen Äquivalente auf. Nur wer entsprechende Anreize (Leistungen) liefert, kann in dem System der Multioptionalität auf gewünschte Beiträge hoffen (Gegenleistungen).

Marketing ist im Ergebnis ein gesellschaftliches Handeln des Tauschens und der wechselseitigen Nutzenstiftung. Pointiert: Marketing ist Nutzenstiftung. Als zunächst betriebswirtschaftliches Handeln hat es zugleich volkswirtschaftliche und gesellschaftliche Auswirkungen und Implikationen. Marketing stimuliert zugleich den gesellschaftlichen Wohlstand und fragt mit betriebswirtschaftlicher Begründung:

- Welche Leistungen sind für die Kund:innen/Spender:innen relevant?
- Welche Leistungen sind selbstverständlich (Standard)?
- Was erwarten Kund:innen/Spender:innen generell und speziell von mir?
- Was bedeutet der Wert der Leistungen, die ich erbringe, aus Kund:innensicht oder Spender:innensicht (Preis, Spende, ehrenamtliches Engagement, subjektiver Nutzen)?
- Wie gestaltet sich die Konkurrenzsituation?
- Welche konkurrierende Unternehmung, soziale Institution bietet mir einen persönlichen Nutzen für mein Engagement als Spender:innen, Ehrenamtlicher, Käufer:innen?

Das Prinzip einer Multioptionsgesellschaft ist immer der Ausgleich zwischen Anforderungen und Leistungen. Für den Praktiker bedeutet es, die vielfältigen Optionen eines Tausch-, Markt- und Kommunikationsfelds, z. B. des speziellen Markts, des branchen- und zielgruppenspezifischen Netzwerks, genau zu kennen. Das gilt für regionale und lokale Märkte ebenso wie für globale Märkte.

Das Aufspüren von Trends und Optionen verlangt ein rechtzeitiges »Frühwarnsystem«, Trends und gesellschaftliche Themen zu erkennen sowie Stimmungen wahrzunehmen.

2.1 Die Grundaussage zur Definition von Gesellschaft

Unsere Gesellschaft wird durch die Faktoren Freiheit (durch das Grundgesetz gesichert) und Ordnung (durch Gesetze und Normen gesichert) bestimmt. Sind beide in einem Gleichgewicht, können auch die gesellschaftlichen Ziele Gerechtigkeit und Verantwortung verwirklicht werden.

Lebt sich das Prinzip Freiheit ungebremst aus, so läuft Freiheit Gefahr, im Chaos zu münden. Dem Prinzip Freiheit innewohnend ist das Ziel des freien Handels, des marktwirtschaftlichen Handelns und des Wettbewerbs. Wettbewerb und Konkurrenz gehören ebenso zusammen wie Freiheit und Persönlichkeit.

Wird marktwirtschaftliches Handeln unter Konkurrenzbedingungen in erster Linie zum Machtkampf auf den sich schnell entwickelnden Märkten, so werden Individualismus und Egozentriertheit zur gesellschaftlichen Leitlinie. Jeder gegen Jeden ist dann auch in betrieblichen Zusammenhängen das Ergebnis einer Chaosgesellschaft.

Wird der Ordnungsfaktor zentrales Merkmal einer Gesellschaft, so führt die Einhaltung der Ordnung, der Normen und der definierten Werte leicht zum Zwang. Die wichtigen Faktoren Gemeinsinn, Gemeinschaft, organisiertes Vereinswesen, Verbände und Organisationen werden unter Zwang zurückgewiesen (siehe auch *Piketty & Sandel*, 2025).

Das Grundgesetz der Bundesrepublik Deutschland schreibt in den 20 Grundrechten die Rahmenbedingungen zur Sicherung der Persönlichkeit und der Freiheitsrechte vor, die die Basis der Lebensbedingungen im Privatleben, der Öffentlichkeit und der Arbeitswelt sind.

Im Prinzip gilt der Satz: So viel Freiheit wie möglich; so viel Ordnung und Zwang wie nötig. Die moderne Gesellschaft des Individualismus und die Anforderungen des Globalismus lassen jedoch einen Widerspruch erkennen: Die gegenwärtigen Lebensumstände der Menschen lassen sich mit so unterschiedlichen Begriffen wie Postmoderne, Globalisierung, Reproduktions- und Simulationsgesellschaft, Konsumgesellschaft, Mediengesellschaft, Marktgesellschaft und Informationsgesellschaft nur unzureichend bezeichnen. Viel deutlicher gibt die gesellschaftliche Kommunikation im Bereich der Werbung und der Medienprogramme Auskunft über den Stand der Gesellschaft: »*Du darfst…*«, »*Ich will alles, und zwar jetzt…*«, »*Alles ist möglich…*«, »*Geiz ist geil.*«, »*Spende JETZT.*«

Der zunehmende Marktkampf um Verbraucher:innen oder Spender:innen lässt die Marktanbieter nach immer neuen Erkenntnissen über ihre Zielgruppe suchen. Ein weiteres Merkmal des gesellschaftlichen Marktkampfes ist die zunehmende Aggressivität, die sich in der Werbung, im Internet und in den TV-Programmen der Gesellschaft niederschlägt.

Aggressives Verhalten – vorgezeigt in Filmen und Werbespots – und überzogenes Selbstbewusstsein von sportlichen oder künstlerischen »Vorbildern«/Stars werden als Lernprogramme erlebt, die ggf. »nachgespielt« werden. Die Kommunikation zwischen den Bürger:innen und Kolleg:innen, zwischen Berufsvertreter:innen, Klient:innen usw. wird zunehmend vom Verlust von Regeln, Werten und Höflichkeit geprägt. Sich zunächst einmal durchsetzen, notfalls streiten oder den letzten Kampf wagen, ob vor Gericht oder vor Ort, wird zum erlaubten Spiel.

Als Vertreter:innen eines Berufstandes, der mit Menschen gutwillig kommunizieren möchte, kommen erschwerte Bedingungen hinzu: Die Menschen sind immer wieder durch Arbeitsplatzangst, fehlende Zukunft, Krisenangst oder mangelnde Orientierung überfordert oder frustriert, auch aggressiv. Hier mittels Kommunikation standzuhalten erfordert, die Hintergründe zu kennen. Als Akteure in dieser Gesellschaft sind auch wir zuweilen angstbeladen, frustriert, aggressiv, auf Flucht oder Kampf eingestellt.

In diesem Spannungsfeld zu überleben heißt, die eigene soziale und kommunikative Kompetenz zu stärken und die der Zielpersonen und -gruppen zu kennen.

2.2 Megatrends der Zielgruppen

Die Sinus-Milieustudien beschreiben regelmäßig die gesellschaftlichen Trends, die das Marketing beeinflussen. Die Gesellschaft sei in heftiger Bewegung – und formiere sich neu.

> »Die Schere zwischen Arm und Reich öffnet sich weiter. Die digitale Spaltung nimmt zu. Die Zeit kontinuierlicher Wohlstands- und Sicherheitsgewinne ist vorbei. Durch Einschnitte in den Sozialstaat und die Privatisierung von immer mehr Lebensrisiken werden sozial schwächere Milieus benachteiligt und tendenziell überfordert. Aber die Unterschicht hat, wie das neue Sinus-Modell zeigt, viele Gesichter. Auch die gesellschaftliche Mitte ist unter Druck geraten und grenzt sich verstärkt nach unten, und neuerdings auch nach oben, ab. Ein Teil zieht sich zurück, ein anderer Teil bleibt statusoptimistisch« (*planung&analyse*, 2010, o. S.).

Für viele Menschen ist der gesellschaftliche Wandel unübersichtlich, macht Angst vor der Zukunft und führt zu einer Rückzugsstrategie. »Zwangsläufige Folge der neuen Unberechenbarkeit ist eine speziell in den jüngeren Milieus gewachsene Regrounding-Tendenz (Bedürfnis nach Halt, Zugehörigkeit und Vergewisserung), aber auch neue Kompetenzen wie autonomes Handeln, Navigation und Networking« (*sinus*, 2010, S. 6).

Arthur D. Little bezeichnet drei herausragende globale Faktoren als Mega-Trends der Gesellschaft, »die für einen Zeitraum von 30 bis 50 Jahren die Rahmenbedingungen für alle Bereiche von Wirtschaft und Gesellschaft« beeinflussen (*Winterhoff et al.*, 2015, S. 3). Die Mega-Trends sind zum einen Mobilität und Neo-Ökologie, entstanden durch die Umweltbewegungen der 1980er Jahre: »*Sie wird heute als gesellschaftliche Verantwortung wahrgenommen (Corporate Social Responsibility)*«. Der Megatrend der Individualisierung »*beschreibt das Loslösen des Konsumenten aus Massenbewegungen. Zunehmend werden traditionelle Lebensmodelle verlassen und durch alle Gesellschaftsschichten hindurch genießt es der Kunde nicht-konform zu sein*« (*Winterhoff et al.*, 2015, S. 3).

3 Einflussfaktoren auf das Marketing von Organisationen und Unternehmen

In der Wirtschaft geben heute vor allem vier Problemfelder zu Fragen nach der Ethik in der Wirtschaft und im Markthandel Anlass:

- Globalisierung – Fusionierung und Rationalisierung bei gleichzeitiger Deregulierung. Wunsch nach ungehemmten globalen Waren- und Finanzaustausch. Wanderungsbewegungen der Arbeitskräfte. Verlagerung der Produktion in Billiglohnländer.
- Nachhaltigkeit – Sicherung der heutigen und zukünftigen Lebensgrundlagen für die kommenden Generationen.
- Knappheit – Haushälterisches Umgehen mit den vorhandenen Vorräten an Nahrungsmitteln, Wasser und Energie.
- Impact der Finanzmärkte auf das Marketing (siehe auch *Piketty & Sandel*, 2025).

Marketing als unternehmerisches und betriebswirtschaftliches Handeln steht unter dem Prinzip von Wettbewerb und Konkurrenz. Hinzu kommen Einflussfaktoren, die die Marketingentscheidungen jedes Unternehmens zunehmend bestimmen:

- Der zunehmende Druck der gesamtökonomischen, sozialen und globalen Entwicklung mit ihren harten Verteilungskämpfen und die Belastung der Märkte aus dem Prozess der globalen Wirtschaftskrisen,
- die immer komplexer werdenden Tauschprozesse zwischen den unterschiedlichen Kulturen und Märkten, besonders unter den sich zuspitzenden multikulturellen globalen, nationalen und lokalen Konflikten und Krisen,

- der Kostendruck in betrieblichen Leistungsprozessen und die daraus abgeleitete Effizienzsteigerung und Intensivierung der Arbeit, mit den Folgen zunehmender Krankheiten. »Burnout« durch die Stressbelastung aller Leistungsträger, definiert als Zustand totaler körperlicher, emotionaler und geistiger Erschöpfung mit verminderter Leistungsfähigkeit,
- die rasanten Innovationen neuer Informations- und Kommunikationstechnologien, Entwicklung leistungsstarker Künstlicher Intelligenz (KI) und damit die Erweiterung der zeitgleichen globalen Kommunikation, bei gleichzeitiger Zunahme des Verlustes der Intimsphäre durch Ausspähung oder Nutzung der Personaldaten durch staatliche Institutionen und multinationale Konzerne sowie Internetanbieter,
- die Fixierung auf Börsenkurse, Dax und Finanzspekulationen und die Notwendigkeit staatlicher Eingriffe,
- die zunehmende Hinwendung vieler Menschen zu individualistischem und egozentrischem Verhalten und des Rückzugs (Cocooning),
- die Flucht in Spiele oder virtuelle Welten.

Auf lokalen, nationalen und internationalen Märkten wird um die Macht und um das Überleben der Unternehmen und damit auch deren Mitarbeitende gekämpft. Marktmacht kennzeichnet die Fähigkeit eines Marktteilnehmers, den freien Verhaltensraum eines anderen Marktteilnehmers einzuengen. Das hat zur Konsequenz, dass im Markt unklar aufgestellte Unternehmen langfristig verschwinden.

Die Marktsituation wurde immer wieder schon vor 20 Jahren als »zunehmend schwer« bezeichnet: Eine Vielzahl von Angeboten kämpft um die Aufmerksamkeit der Kund:innen. Die Zahl der Medien, vornehmlich der elektronischen, explodiert. Die »Informationsüberflutung« nehme zu. Konsument:innen haben es immer schwerer, Kommunikationsangebote und Information über Angebote reflektiert aufzunehmen.

Für die Marketingkommunikation am Markt lässt sich eine Abkehr von den klassischen Formen der Marketingkommunikation, z. B. der klassischen Werbung, hin zur Dialog-Kommunikation – gerade durch die digitalen Kanäle – beobachten.

Die »Fastfood-Kommunikation«, das »Zapping« und die Aufschrift an den Haustüren »KEINE WERBUNG« sind Zeichen der Abwehr einer zunehmenden Informationsflut.

Hinzu kommen die sich ständig verändernden Strukturen und Prozesse im Bereich der technischen Intelligenz, der Soft- und Hardware im Computer- und Datenübertragungsbereich, der Datenspeicherung und -sicherung, der Nutzung des Internets im Kommunikations- und Konsumverhalten. Die Multioptionalität verändert das Konsumverhalten und das Spendenverhalten. Gering involvierte Konsument:innen nehmen nur noch beiläufig die Botschaften der Marktkommunikation wahr.

4 Zum Thema Marketing

Die bisher vorgelegten Überlegungen zum Thema Gesellschaft und deren Prozesse sind wichtig für die systematische Planung im Sozialen Marketing, werden jedoch oft ausgeblendet. Ohne schon tiefer auf die Definitionen des Begriffs »Marketing« hinzuweisen, wird hier die Kurzform marketingstrategischen Denkens vorgestellt:

Basis für eine Marketingstrategie ist die Analyse des relevanten Markts, der Leistungskraft des eigenen Unternehmens wie der Konkurrenz. Ein Stärken-Schwächen-Profil (SWOT-Analyse) des Unternehmens ist Basis der Positionierung des Unternehmens und der Festlegung von Marketingzielen.

Daraus entwickeln sich eine genaue Zielgruppenanalyse, die Kommunikationsziele, die Kommunikationsstrategie und die Kommunikationsbotschaft sowie die Festlegung der Kommunikationskanäle, der Medien. Eine kreative Plattform (Copy-Strategie) definiert Inhalte und Tonart (Tonalität) der Kampagnen. Die visuelle Kommunikation basiert auf dem Corporate Design eines Unternehmens.

Der amerikanische Marketingexperte Philip Kotler definiert: »Marketing ist eine *menschliche Tätigkeit*, die darauf abzielt, durch *Austausch-Prozesse* Bedürfnisse und Wünsche zu befriedigen bzw. zu erfüllen« (vgl. *Kotler et al.*, 2011, S. 50). *Social Marketing* ist nach Kotler eine

> »Management-Technik, die sozialen Wandel einleiten soll und sich aus Planung, Umsetzung und Kontrolle von Programmen zusammensetzt, die das Ziel haben, die Akzeptanz einer gesellschaftlichen Vorstellung oder Verhaltensweise bei einer oder mehreren Zielgruppen zu erhöhen« (*Kotler & Zaltman*, 1971, S. 4).

Es werden hierzu Denkansätze der Marktsegmentierung, Konsumforschung, Produkt-Konzipierung und -prüfung, zielgerichteter Kommunikation, sozialer Aktivierung, von Anreizen und Austauschtheorien zur Maximierung der Reaktion einer Zielgruppe herangezogen.
Manfred Bruhn definiert Marketing als

> »eine unternehmerische Denkhaltung. Sie konkretisiert sich in der Analyse, Planung, Umsetzung und Kontrolle sämtlicher interner und externer Unternehmensaktivitäten, die durch eine Ausrichtung der Unternehmensleistungen am Kundennutzen im Sinne einer konsequenten Kundenorientierung darauf abzielen, absatzmarktorientierte Unternehmensziele zu erreichen.« (*Bruhn*, 2022, S. 2)

Das Marketingmanagement stützt sich in erster Linie auf die *systematische Analyse der Bedürfnisse*, Wünsche, Wahrnehmungen und *Präferenzen der Zielgruppen* sowie der Zwischenmärkte (vgl. *Kotler et al.*, 2011, S. 54).

4.1 Die Position von Marketing

Der Markt befindet sich in einem Umbruch. Konsumverweigerung, Misstrauen gegenüber den Anbietern, Immobilienmärkten und Banken, Arbeitslosigkeit bei gleichzeitiger Suche nach qualifizieren Fachkräften und Angst vor einem Abbau des Wohlstandsstaates lassen zuverlässige, langfristige Marketingkonzepte nur noch selten zu.

Auf vielen Märkten tobt zudem ein offensiver Preiskampf. Die Verbraucher:innen wurden unter den Slogans »Geiz ist geil« oder »Ich bin doch nicht blöd« zum Feilschen erzogen. Bonus und Rabatte jeder Art sind nahezu in jeder Branche Verhandlungsgegenstand; gleichzeitig werden Lebenswelten – sog. »Marken-Welten« – rund um die Produkte und die Leistung der Unternehmen inszeniert. Sie wollen den Verbraucher:innen, aber auch Spender:innen vermeintlich sichere Entscheidungshilfen in ihrem Konsum- oder Spendenverhalten geben. Marken sind Vorstellungsbilder in den Köpfen von Konsument:innen. Für das Soziale Marketing sind diese marktrelevanten Trends von großer Bedeutung.

Soziale Unternehmen, die über eine glaubwürdige Markenbildung der starken Identität ihre Marke aufgebaut haben, erleichtern es den Menschen, eine sichere Entscheidung zu treffen. Die Kauf- und Einkaufsentscheidungen, die Entscheidung, Spender:innen oder Zustifter:innen werden zu wollen, sind durchgehend auch von irrationalen, emotionalen Entscheidungen des Unbewussten bestimmt. Sie basieren oft auf Erlebtem, positivem wie negativem.

Unternehmen, gleich ob kommerziell, profitorientiert oder sozial orientiert, haben generell die Zielsetzung, ihre Existenz langfristig zu sichern. Im Prozess der Beschaffung von Arbeitskräften, Rohstoffen, Energie, Rechten usw., der Produktion von Dienstleistungen und Waren werden Angebote geschaffen, die auf dem Markt Erlöse oder Spenden ermöglichen, die für kommerzielle Unternehmen neben der Existenzsicherung einen optimalen Gewinn erzielen.

Betriebswirtschaftlich betrachtet heißt dies, Kosten und Erlöse, den Erfolg einer oder mehrerer vergangenen Rechnungsperioden zu ermitteln, um eine Basis für zukünftige Unternehmenszielsetzungen zu erlangen. Marketing unter streng betriebswirtschaftlicher Sicht hat die Funktion, den Absatz zu sichern.

Die hier sehr grob beschriebene betriebswirtschaftliche Position steht zuweilen im Widerspruch zur marktorientierten Position von Marketing. Aus der Sicht der marktorientierten Position von Marketing untersucht die Marketingforschung die Bedürfnisse und Wünsche, die Konsum- und Nutzungsverhaltensgewohnheiten der potenziellen Nachfragenden, die Bedürfnisse der Spender:innen oder Stifter:innen am Markt. Aber auch hier hat das Marketing eine absatzorientierte Funktion:

»Wir kennen unsere Zielgruppen und werden mit dem richtigen Kommunikationsmix unsere Produkte und Dienstleistungen oder sozialen Anliegen verkaufen!«

Marketing ist heute weniger betriebswirtschaftlichen oder streng absatzorientierten Gesichtspunkten unterworfen als sozialen und psychologischen Einflussfaktoren. Am Markt werden vielmehr Wünsche, Trends, Einstellungen und Problemlösungen erkundet, um daraus neue Produkte und Dienstleistungen zu schaffen und anzubieten:

»Wir werden erst eine saubere Gesellschafts- und Marktanalyse betreiben, dann die Produkte und Leistungen oder soziale Angebote schaffen, die unsere Ziel-

gruppen brauchen und wünschen, um sie dann anzubieten oder zu verkaufen!« (vgl. *Häusel*, 2019).

Einen langfristigen Markterfolg hat jedes Unternehmen, gleich ob kommerziell oder sozial, das neben einem unverwechselbaren, einmaligen Leistungsangebot (USP – Unique Selling Proposition) über motivierte Mitarbeitende und engagierte Führungspersönlichkeiten verfügt.

Eine klare Position des Unternehmens am Markt und ein glaubwürdiges Profil – in der Produktgestaltung, dem Leistungsangebot, dem Preis, den Vertriebswegen, der Kund:innenpflege und der Marktkommunikation – schaffen Vertrauen und sind notwendige Voraussetzungen, um im harten Wettbewerb langfristig bestehen zu können.

4.2 Markt und Konkurrenz

»Wir können unser soziales System nicht mehr halten«, wird heute zuweilen geklagt. Welche Konzepte dem Prinzip der Gerechtigkeit nahe sein werden, Privatisierung des Sozialsystems oder gesellschaftlich-staatliche Reglementierung, und in welcher Mischform, ist strittig (siehe auch *Piketty & Sandel*, 2025).

Die Wirtschaftsordnung der Bundesrepublik Deutschland orientiert sich an dem Prinzip der sozialen Marktwirtschaft, in der der Staat eine klare regulierende Funktion hat. Interessengeleitete Medien und Meinungsbildende propagieren jedoch die liberale Marktwirtschaft, in der der Staat so wenig wie möglich in Erscheinung tritt. Als wesentliches Prinzip der marktwirtschaftlichen Ordnung wird der Schutz der individuellen Rechte betrachtet, abgesichert durch die Verfassung und das Grundgesetz. Freiheit und das Recht auf freie Entfaltung und damit Wirtschafts- und Konsum-, Vertrags- und Koalitionsfreiheit, Freiheit der Berufs- und Arbeitsplatzwahl sind Grundpfeiler marktwirtschaftlicher Ordnung. Diese Freiheiten stehen jedoch im Spannungsfeld mit der Verantwortung und der Sozialverpflichtung des Eigentums und der Ethik des Handelns.

Dem Prinzip des liberalen Tauschvorganges auf dem Markt liegt die zu diskutierende Annahme zugrunde, dass, wenn jeder Marktteilnehmer (Marktsubjekt) zweckrational seinen Nutzen optimiere, die Summe der einzelnen Tauschhandlungen eine gerechte Verteilung der Güter und Leistungen ermögliche. Der Tauschvorgang auf dem Markt setzt nach dieser Betrachtung aufgeklärte und eigenverantwortliche Bürger:innen voraus. Wie viel staatliche Planung möglich und nötig ist, um die marktwirtschaftliche Ordnung zu gewährleisten, ist anhaltender Streitpunkt der Parteien und Interessenverbände in der Bundesrepublik (vgl. *Meffert et al.*, 2024).

4.3 Wettbewerb

Handeln im Markt ist geprägt vom Wettbewerb und dem Vorhandensein von Konkurrenz. Das heißt, zwei oder mehr Personen oder Parteien streben nach einem Ziel, welches lediglich von einer Partei erreicht werden kann. Wettbewerb ist immer ein rivalisierendes Streben mehrerer Wirtschaftssubjekte als Anbieter oder Nachfragende auf konkreten Märkten. Jeder Anbieter ist bestrebt, sich im Markt so zu verhalten, dass er selbst einen möglichst hohen wirtschaftlichen Erfolg, auch zu Lasten anderer Anbieter, der Konkurrenz oder »Mitbewerber« erzielt.

Wettbewerb heißt stets, die am Markt stärkste Kraft wird belohnt – der schwächste Anbieter scheidet aus. »*Zu Lasten der Konkurrenz*«: Dieses Prinzip zu akzeptieren, fällt sozialen Institutionen schwer, besonders jenen, die dem Friedensgebot ihres Glaubens oder ihrer Überzeugung verpflichtet sind. Wettbewerbliches Handeln lässt den sozialdarwinistisch geprägten Kampf um die Existenz vermuten. Moral und gesellschaftliche Verantwortung finden nur dann Berücksichtigung, wenn auch die Konkurrenz ethische Gesichtspunkte für sich geltend macht.

Befürwortende des Wettbewerbs stellen die Innovationsfunktion des Wettbewerbs als eine der wichtigsten Funktionen dar. Die besondere

Leistungsfähigkeit einer Marktwirtschaft bestehe darin, die Wirtschaft weiterzuentwickeln. Die besseren Innovationen müssen sich durchsetzen.

Verbunden mit dem Prinzip Wettbewerb ist immer zugleich auch das Streben nach Marktmacht. So könnte angenommen werden, dass, wenn ein starker Anbieter alle Konkurrenz vom Markt verdrängt hat, die Marktwirtschaft ausgehöhlt wird: Es besteht bei Monopolen oder Oligopolen kein Wettbewerb und damit auch keine Marktwirtschaft mehr; schon gar keine soziale Marktwirtschaft.

Marktmacht kennzeichnet die Fähigkeit eines Marktteilnehmers, den freien Verhaltensraum eines anderen Marktteilnehmers einzuengen. Märkte definieren sich durch objektive Begebenheiten, zu diesen gehören staatliche oder natürliche Grenzen. Die in den Märkten agierenden Menschen können als Marktsubjekte bezeichnet werden. Zu ihnen gehören:

- die Bevölkerung als Ganzes,
- die Produzenten,
- die Absatzmittler,
- die Dienstleistungsunternehmen,
- die Hilfsbetriebe und
- die Konsument:innen als Letztverbraucher:innen oder Weiterverarbeiter von Produkten und Dienstleistungen,
- die Spender:innen, Leser:innen, Käufer:innen oder Nutzer:innen (vgl. *Meffert et al.*, 2024).

Märkte können allerdings auch interessengeleitet und damit subjektiv durch Entscheidungen der Marktanbieter bestimmt werden, indem Unternehmen und deren Vertreter:innen oder Verbände Marktbereiche oder Verkaufsbezirke festlegen. Marktabsprachen sind allerdings kartellrechtlich verboten.

Die Frage, ob es innerhalb sozialer oder kirchlicher Einrichtungen zu Märkten oder Marktverhalten kommt, wird oft diskutiert oder verdrängt. Immerhin kämpfen z. B. im Segment der Altenpflege die einzelnen diakonischen oder karitativen Einrichtungen gegeneinander, um »Kund:innen«, Personal oder Spender:innen. Besonders hart umkämpft ist der Markt der Katastrophenhilfe (vgl. *Christa*, 2010).

In der räumlichen Beziehung lassen sich Weltmarkt, nationale oder regionale Märkte unterscheiden, aber auch regionale Begrenzungen wie »Europäischer Markt«, »Skandinavischer Markt«, »Globaler Markt« oder der »Markt in Mecklenburg-Vorpommern«.

Nach Branchen lassen sich Märkte strukturieren und werden so für Unternehmen und soziale Institutionen zu interessanten Zielgruppenmärkten: »Zeitungs-Markt«, »Medien-Markt«, »Gesundheits-Markt«, »Jugend-Markt«, Pflege-Markt« oder »Senior:innen-Markt« oder, und das ist umstritten »Markt der spirituellen Anbieter«.

4.4 Das Marktprinzip: Der Tausch

Die wissenschaftlichen Ursprünge der ökonomischen Betrachtung von Tauschbeziehungen finden sich bei Adam Smith im 18. Jahrhundert. 1776 veröffentlichte Adam Smith seine Schrift »The Wealth of Nations« (*Smith*, 1776), welches bis heute von großer Bedeutung für die Wirtschaftswissenschaften ist und sich auf der Liste der meistverordneten Pflichtlektüren für Studierende befindet. In diesem Buch sieht Smith den Ursprung des Wohlstandes in der Spezialisierung. Wenn Menschen sich spezialisieren, dann ist der Tausch die Konsequenz, und somit geht Adam Smith auch davon aus, dass dem Menschen diese ursprüngliche Neigung innewohne.

Damit Menschen überhaupt tauschen können, müssen sie etwas Tauschbares besitzen oder herstellen. Dazu sind unterschiedliche unternehmerische Einstellungen und Tätigkeiten nötig, die die Grundlage des Marketings aufzeigen, geht es doch letztendlich darum, etwas anzubieten, das auch eine entsprechende Nachfrage bedient.

Menschen tauschen untereinander Güter, Dienste, Kapital oder soziale Leistungen und Wunschvorstellungen. Tauschvorgänge werden von Anbietern über Marketingaktivitäten gesteuert. Anbieter von Leistungen unterstützen den Tauschvorgang dadurch, dass sie den subjektiven Tauschwert eines Produktes, einer Dienstleistung oder einer sozialen

4.4 Das Marktprinzip: Der Tausch

Leistung besonders hervorheben. Den Tauschobjekten werden ein objektiver und ein subjektiver Tauschwert zugemessen.

Die Tauschpartner im Markt sind nur dann bereit, Geld gegen Ware, soziale Leistung oder Wohnraum gegen einen Preis und einen psychologischen Wert zu geben, wenn sie einen Mangel (Bedürfnis als Empfindung eines Mangels) empfinden. Der Wert des Geldes, des Kaufes, der Miete, der Spende oder des Engagements als Stifter:in muss im Bezug zur Bedürfnisbefriedigung zumindest ausreichend erträglich erscheinen.

Nur wer entsprechende Anreize, Nutzenversprechen (Leistungen) liefert, kann auf gewünschte Beiträge (Gegenleistungen intern als Arbeitsleistung; extern als Kaufakt, Spendenakt, Zustiftung) hoffen. Entscheidend sind dabei meist nicht objektive oder absolute Anreize, Nutzenversprechen und Beiträge, sondern die Wunschsituation von Unternehmen *(was will ich erhalten und was muss ich mindestens bieten bzw. was muss ich anbieten, was mindestens dafür verlangen)*, Lieferant:innen und Kund:innen, Mieter:innen, Spender:innen, Käufer:innen, Konsument:innen *(Was brauche ich? Für welchen Nutzen bin ich bereit, was zu zahlen?)*.

Der Theorie des Tauschprinzips, der Koalisations-Theorie und der Anreiz-Beitrags-Theorie liegt der verhaltenstheoretische Ansatz der Stimulus-Organisation-Response-Theorie, das SOR-Modell, zugrunde. Grundlage ist hier das Marktverhalten auf dem Absatzmarkt, nachdem ein Stimulus (Reiz) den Menschen (hier Konsument:innen, Spender:innen, Zielpersonen) erreicht und von ihm verarbeitet wird (Organismus), was zu einer Reaktion (Kauf/Spende) führt. Reize sind dabei u. a. Werbung, PR, Produktinformation oder Gespräche; Reaktionen: Kauf, Spende, aber auch ehrenamtliches Engagement. Reaktion kann auch eine Steigerung von Kauf- oder Spendeninteresse oder Wohlwollen (Imageverbesserung) sein. Dabei können gleiche Reize zu unterschiedlichen Reaktionen führen (Spender:innen, Konsument:innen etc. verarbeiten Informationen unterschiedlich). Die Einflussfaktoren können individuell, emotional, kognitiv oder rational sein (vgl. *Meffert et al., 2024*).

Ein Austausch von Leistungen kann nur unter folgenden Bedingungen stattfinden:

- Es gibt zwei oder mehrere Parteien, die potenziell austauschinteressiert sind,
- wertvoll erscheinen,
- jede Partei ist fähig, mit der bzw. den anderen Kommunikationsbeziehungen aufzunehmen und
- das Austauschobjekt (Geld, Ware, Dienstleistung oder Zeit) zu liefern.

Subjektive Tauschkriterien bestimmen weitgehend den Austauschprozess und damit eine Positionierung des Unternehmens am Markt: Ein Diakonisches Werk z. B. positioniert sich durch Angebote von ökologischen Häusern für Senior:innen, bietet den subjektiven Nutzen von ökologischverantwortlichem Wohnen an und erhält dafür das positive Image eines umweltbewussten Unternehmens.

Auch die Zeit kann ein Tauschfaktor sein. Produktwerbung verspricht: »*Hier können Sie Zeit sparen!*«. Dieses Angebot ist subjektiv, denn niemand kann Zeit »sparen« oder vermehren oder gar »verschenken«.

Die Marketingaktivität Zeitspenden in der Form der Freiwilligenarbeit oder des Ehrenamtes zu gewinnen, bietet ein Tausch-Äquivalent in Form von Anerkennung und persönlichem Wachstum an.

4.5 Der Markt als Struktur

Als Praktiker des Alltags kennen wir den Wochenmarkt, den Jahrmarkt, den Automarkt, den internationalen Markt, den Markt der Eitelkeiten, den Marktplatz in Ihrer Stadt und natürlich den Spendenmarkt, den Immobilienmarkt, den Nutzer:innenmarkt sowie den Leser:innenmarkt der Zeitungen und Zeitschriften.

Märkte sind als komplexe Systeme in einer Gesellschaft vorgestellt worden. Wir haben festgehalten:

> Marketing heißt, in einer komplexen Gesellschaft, in einem sich ständig wandelnden Marktnetzwerk ganzheitlich und differenziert zu agieren.
> Das setzt klare Kenntnisse des Markts und seiner differenzierten Zielgruppen mit den unendlich verschiedenen Wünschen, Bedürfnissen und dem Bedarf voraus.

Der multioptionale Markt ist heute ein Netz der differenzierten Konsum- und Erlebnisangebote, ein Netz der verschiedenen Angebote des Einzelhandels, der Dienstleistenden, Autohäuser, Handwerksunternehmen, Sinnanbieter, Non-Profit-Unternehmen und Marktplatz-Zentren etc. Ein unüberschaubares Netz differenzierter Angebote in Warenhäusern, im Internet oder in den Konsumtempeln der großen Städte.

Gleichzeitig zeichnet sich die Gesellschaft des 21. Jahrhunderts durch eine Dichotomie (Zweiteilung) zwischen einer radikalen Leistungsgesellschaft der Arbeitsplatzbesitzer:innen und einer gähnenden Langeweile und Ausgrenzung erwerbsloser Menschen aus. Hinzu kommt das wachsende Bedürfnis nach Spaß, Freizeit und einer ausgeglichenen »Work-Life-Balance«, Belastungen zwischen Arbeit und Leben durch persönliche Freuden, Triumphe, Momente der Freude und des Glücks auszugleichen.

4.6 Marktsegmentierung

Basis eines zielgerichteten Einsetzens marketingpolitischer Maßnahmen ist eine Marktsegmentierung. Sie ermöglicht eine leichtere Bestimmung der Zielgruppen. Für jedes spezielle Marktsegment lassen sich speziell abgestimmte Marketingmaßnahmestrategien entwickeln.

4.6.1 Marktforschung und Marktsegmentierung

Bevor ein Unternehmen eine Marketingkonzeption zur Ausgestaltung seines Marktauftritts ausarbeiten kann, wird es Informationen sammeln und auswerten (Analysephase). Einzugsgebiet der Verkaufs-/Vertriebsstellen, Analyse der Kund:innen- bzw. Spender:innenstruktur, Kauf, Informationsverhalten und Kund:innenwünsche, Beobachtung des Wettbewerbsumfeldes (Konkurrenz) sind Aspekte der Marktforschung, die die Grundlagen des Marketings bilden. Auch kleine Unternehmen können je nach Bildungsstand ihrer Unternehmensleitungen eine erfolgreiche Marktbeobachtung vornehmen.

Eine gezielte Marktforschung der Unternehmen (Feldforschung oder Quellennutzung) liefert Aufschluss über alle Einflussgrößen, die den Produktionsprozess, den Absatz- und Beschaffungsmarkt beeinflussen. Marktforschung bedient sich verschiedener Methoden.

Marktforschung als Sozialforschung muss geplant sein und wissenschaftlichen Standards genügen. Grob können Primärforschung und Sekundärforschung unterschieden werden: Die *Primärforschung* (Suche nach neuen Informationen durch Befragungen, Beobachtungen im Markt) unterscheidet Marktbeobachtung und Marktanalyse. Instrumente der Primärforschung sind z.B. Befragungen, Gruppeninterviews, Beobachtungen und Experimente. Die *Sekundärforschung* (Auswertung vorhandener Informationen) kann heute auf umfangreiche Daten der Institute (Allensbach, Infas, Sinus etc.), eigene Daten, Verbandsdaten und Daten aus dem Internet zurückgreifen.

Basis eines zielgerichteten Einsetzens marketingpolitischer Maßnahmen ist eine Marktsegmentierung, die eine leichtere Bestimmung der Zielgruppen ermöglicht. Für jedes spezielle Marktsegment lassen sich speziell abgestimmte Fundraising-Strategien entwickeln.

Märkte lassen sich strukturieren, in Teilmärkte zerlegen. Je nach der Auswahl der Selektionskriterien ist eine selektive Markterfassung möglich (vgl. *Koch & Riedmüller*, 2025).

4.6.2 Kriterien der Marktsegmentierung

Zu unterscheiden sind z. B. Jahrmarkt, Wochenmarkt, Supermarkt, Verbraucher:innenmarkt, Spendenmarkt, Finanzmarkt, Kommunikationsmarkt, Flohmarkt, Medienmarkt und sogar Schwarzmarkt oder Drogenmarkt.

Eine weite Marktstruktur selektiert nach Branchenzugehörigkeit: Anbieter »sinnstiftender Lebenskonzepte«, Immobilienmarkt, Anbieter sozialer Leistungen, Medienmarkt, Weltanschauungs-Markt usw.

Die räumliche Struktur der Märkte gliedert sich nach Flächen der Gemeinden oder über die zuständigen Institutionen wie Steuer- und Finanzbezirke, Zollbezirke, Industrie- und Handelskammern usw., ebenso wie nach Ortsklassen: Ortsklasse a: 50.000 und mehr Einwohner, Ortsklasse b: 3.000 bis unter 50.000 Einwohner, Ortsklasse c: bis 3.000 Einwohner.

Um für die Unternehmen vergleichbare Wirtschaftsräume zu erfassen, hat das Einzelhandelspanel des Marktforschungs-Instituts *A. C. Nielsen* aus Frankfurt am Main, als Nielsen-Gebiete bezeichnet, folgende Wirtschaftsräume aufgeführt (vgl. *Altendorfer*, 2013, S. 163):

- Nielsen 1: Schleswig-Holstein, Hamburg, Niedersachsen und Bremen
- Nielsen 2: Nordrhein-Westfalen
- Nielsen 3a: Hessen, Rheinland-Pfalz, Saarland
- Nielsen 3b: Baden-Württemberg
- Nielsen 4: Bayern
- Nielsen 5: Berlin
- Nielsen 5a: West-Berlin
- Nielsen 5b: Ost-Berlin
- Nielsen 6: Mecklenburg-Vorpommern, Brandenburg, Sachsen-Anhalt
- Nielsen 7: Thüringen, Sachsen

A. C. Nielsen liefert u. a. geographisch sinnvoll untergliederte Informationen zum effizienten Einsatz des unternehmerischen Marketing-Mix. Als kleinste Einheit arbeitet *A. C. Nielsen* mit politischen Kreisen. Die größte Unterteilungseinheit sind in jedem Land, in dem *A. C. Nielsen* eine Gesellschaft hat, die *A. C. Nielsen Gebiete*.

Marktsegmentierungen lassen sich weiterhin nach demografischen oder sozioökonomischen Kriterien denkbar (Alter, Geschlecht, Ausbildung, Familienstand, usw.) oder nach psychologischen oder sozialpsychologischen Merkmalen wie Gewohnheiten, Wünsche, Neigungen, Bedürfnisse usw. vornehmen. Weitere Kriterien sind soziologische Merkmale wie sozialer Status, soziale Rolle und Schichten (vgl. *Kirchem & Waack*, 2021).

Zielgruppenselektionen lassen sich u. a. nach folgenden Bereichen strukturieren und analysieren:
Soziodemografische Daten:

- Geschlecht
- Anrede, Titel
- Altersgruppe
- Haushaltsvorstand
- Haushaltsgröße
- Mobilität
- Beruf

Markt und Konsumdaten, z. B.:

- Kaufkraft und selektiert nach Kaufkraftklassen
- Altersselektion: Konsument:innen ab 40 Jahren
- Selektion nach:
  - junger Familie mit Kind
  - hoher Postkaufneigung
  - hohem Konsumverhalten
  - sicherheitsorientierter Geldanlagen
  - gehobener Schulbildung
  - gehobener Position
  - Stadtbewohner
  - multimedialem Typ
  - Urlaub und Reisezielen, vornehmlich im Ausland, und generellem Urlaubs-, Reiseverhalten
  - Kauf über Versandhandel
  - gelegentlicher Kauf- oder Spendenbereitschaft

- Freizeitaktivitäten
- Geld und Investitionen
- Eigenheimbesitz
- Konsumindex
- Konsumtypologie
- Wohntypologie
- Wahlverhalten
- Kfz-Dichte und Fahrzeug-/Autobesitzer:innen
- Wohnortsgrößenklassen
- Erwerbsstruktur
- Bildungsniveau

Kommunikationsdaten, z. B.:

- Telefonnummern
- Faxnummern, Internetnutzung
- Mitglied in Sozialen Netzen

Postalischen Daten:

- Wahlbezirken
- Werbekritik

Klassische soziodemografische Merkmale wie Alter oder Bildungsstand reichen zur Charakterisierung von Zielgruppen häufig nicht aus. Die Vielfalt und Individualität der Zielgruppen sind damit nur ungenügend abgebildet. Menschen definieren ihre soziale Zugehörigkeit weniger über die Ähnlichkeit in den sozioökonomischen Voraussetzungen als vielmehr über wahrgenommene Ähnlichkeiten in Lebensstil und Werthaltungen.

Die Zielgruppenbestimmung von Sinus Sociovision – siehe oben – beruht auf der Lebensweltanalyse moderner Gesellschaften. Sie fasst in sog. Sinus-Milieus Personengruppen zusammen, die in grundsätzlicher Lebensauffassung und Lebensweise übereinstimmen.

5 Identität und Corporate Identity

Marketing baut auf der Identität eines Unternehmens auf; nur eine klare, verstehbare Identität eines Unternehmens sichert einen Marketingerfolg. Das Leitbild definiert die Identität eines Unternehmens, die Corporate Identity (CI). Der öffentliche Auftritt einer NGO bedarf einer besonders authentischen, glaubhaften und identifizierbaren Wurzel und einer klaren, verstehbaren Mission: Sie vertreten meist eine Glaubens- und Werteposition mit einer mehr oder weniger deutlichen Botschaft. Ohne eine begründete Identität kann sich eine NGO in einem differenzierten Markt nicht deutlich positionieren und von anderen Mitbewerbern differenzieren. Dabei ist es wichtig, dass das Leitbild einer NGO von möglichst allen Mitarbeitenden mitgestaltet werden konnte. Die Aussagen des Leitbilds werden in schriftlicher Form öffentlich präsentiert. Ein Leitbild hat nur dann Bestand, wenn die Mitarbeitenden die Aussagen und die Mission der NGOs akzeptieren und leben.

Leitsätze der Identitätsbestimmung:

- Ohne Mission keine Identität.
- Ohne Identität keine Identifikation.
- Ohne Identifikation keine Motivation.
- Ohne Motivation kein fördernder Geist des Hauses.
- Ohne Geist des Hauses keine Begeisterung.
- Ohne Begeisterung keine Freude an der Leistung.
- Ohne Freude an der Leistung kein Markterfolg.
- Ohne Vision keine Zukunft. (vgl. *Kroeber*, 2016, S. 375 ff.)

Die Identität einer Unternehmung wurzelt in ihrem geschichtlich verankerten Leitbild, das die Mission und die Werte eines Unternehmens aufzeigt. In einem Leitbild wird die Unternehmens-Persönlichkeit, die Corporate Identity der Unternehmung begründet.

Aus der Corporate Identity entwickeln sich u. a.:

- die Unternehmenskultur mit ihren Regeln des Miteinanders und ihren Ritualen,
- die Führungsgrundsätze und -praxis eines Unternehmens,
- die Motivations-Systeme zur Förderung der Identifizierung der Mitarbeitenden mit der Identität des Unternehmens,
- die Unternehmenskommunikation mit ihren Kernaussagen,
- die Art und Weise der Kommunikationsstrukturen und -prozesse intern und extern mit ihren Interaktionsformen und
- die Gestaltungsgrundsätze, das Corporate Design (CD), das visuelle, klangliche und architektonische Auftreten (vgl. ebd.)

Ein Corporate Design Manual (CD-Manual) legt die Gestaltungsrichtlinien der Unternehmensfarben, Zeichen, Symbole, Markenzeichen, Typographie, Papierformate und -qualitäten fest. Die CD-Grundlagen gelten für alle visuellen und audiovisuellen Erscheinungsbilder des Unternehmens. Ein klares Leitbild, eine glaubwürdige Identität lassen sich auf eine Kernaussage – einen Claim – reduzieren, der eine deutliche Positionierung des Unternehmens nach innen und außen ermöglicht.

6 Marketing als Gestaltungsaufgabe

Wir haben bisher erarbeitet: Das Prinzip des Markts basiert auf Wettbewerb und Konkurrenz in einer sich ständig verändernden Gesellschaft. Die soziale Struktur einer Gesellschaft ist nichts Statisches; sie befindet sich vielmehr in dauernder Bewegung und Entwicklung. Der Soziologie (Theorie) des sozialen Wandels liegt die marketingstrategische Marktsegmentierung, die Konsumforschung, die Produktkonzipierung und -prüfung, die zielgerichtete Kommunikation, die soziale Aktivierung und die Anreiz- und Austauschtheorien zugrunde. Analysiert werden die Reaktionen von Zielgruppe auf bestimmte Marketingaktivitäten.

Der amerikanische Marketingexperte Philip Kotler definiert Marketingmanagement (Durchführung des Marketings)

> »als die Analyse, die Planung, die Einführung und die Überwachung von Programmen, die dazu entworfen wurden, gegenseitig vorteilhafte Austauschbeziehungen mit Käufergruppen zu schaffen, auszubauen und zu pflegen, mit dem übergeordneten Zweck, die Zielvorgaben der betreffenden Organisation zu erfüllen *(Kotler et al., 2011, S. 91).*

> »Marketing beobachtet die Wünsche und Bedürfnisse der Verbraucher und das Potential des Unternehmens, diese Wünsche zu befriedigen« *(Kotler et al., 2011, S. 62).*

6.1 Geschäftsfelder-Marketing

Ein Unternehmen, eine NGO, eine soziale Institution, die sich langfristig am Markt behaupten wollen, müssen ihre marktrelevanten Aktivitäten im Gesamten und in seinen einzelnen Geschäftsfeldern kurz-, mittel- und langfristig analysieren, um sorgfältig strategisch planen zu können. Das gilt für ein großes Jugendwerk ebenso wie für einen kleinen Bäcker oder eine Kindertagesstätte. Strategisch bauen Marketingaktivitäten auf die Stärken und erkannten Schwächen eines Unternehmens oder einer sozialen Organisation auf und berücksichtigen diese, bezogen auf die einzelnen Geschäftsfelder eines Unternehmens.

Die Unternehmensplanung zwingt ein Unternehmen oder eine soziale Organisation, Ziele und Zielgruppen klar zu präzisieren und eine Koordination der betrieblichen Funktionen – Marketing, Finanzen, Rechnungswesen, Einkauf, Dienstleistung (Produktion) und Personal – zu leisten.

Die Gesamtstrategie eines Unternehmens hat die Aufgabe, eine Übereinstimmung zwischen den Optionen (Möglichkeiten) des Markts, den Zielen und Potenzialen der Unternehmung auf lange Sicht herzustellen.

Die Marktforschung beobachtet die Bedürfnisse und Wünsche des Markts und die Strategien der Mitbewerber und entwickelt Unterlagen für Programme, die diese Bedürfnisse auf der Basis der Potenziale des Unternehmens befriedigen könnten.

6.2 SWOT-Analyse

Eine zentrale Aufgabe eines Unternehmens wie auch einer NGO ist es, sich zu erhalten, besser: zu wachsen. Jeder Marketingplanung geht eine sorgsame Analyse voraus. Im *Sieben-Phasen-Modell systematischer Marketingkommunikation* des *Instituts für angewandte Kommunikation (IfaK)* wird darauf präziser verwiesen (vgl. *Kroeber*, 2016, S. 375 ff.). Eine Situationsanalyse ist eine Bestandsaufnahme marketingrelevanter Sachverhalte mit dem Ziel, Chancen, Risiken, Stärken und Schwächen offenzulegen.

Eine Einschätzung der zukünftigen Entwicklungen eines Unternehmens oder einer sozialen Institution lässt sich mit einer Stärken-Schwächen-Analyse oder *SWOT-Analyse* treffen. SWOT-Analyse steht für:

- S = Strengths – Stärken
- W = Weaknesses – Schwächen (gern wird hier das Wort »Herausforderung« gewählt)
- = Opportunities – Chancen
- T = Threats – Risiken

In einer Verbindung der Analyse interner Potenziale und externer Umweltfaktoren soll hier deutlich gemacht werden, welche Möglichkeiten, aber auch Gefahren das Unternehmen berücksichtigen muss. Alle Analyse-Ergebnisse leben von Ehrlichkeit und der distanzierten Selbstkritik.

Tab. 1: Die SWOT-Analyse

SWOT-Analyse		Organisationsanalyse		
Unternehmen: Durchgeführt durch: Datum:		**Stärken** (Strengths) S1: S2: S3:	**Schwächen** (Weaknesses) W1: W2: W3:	
Umweltanalyse	Chancen (Opportunities) O1: O2: O3:	Aus welchen Stärken ergeben sich neue Chancen? SO1: SO2: SO3:	Schwächen eliminieren, um neue Chancen zu nutzen WO1: WO2: WO3:	
	Risiken (Threats) T1: T2: T3:	Welche Stärken minimieren Risiken? ST1: ST2: ST3:	Strategien, damit Schwächen nicht zu Risiken werden? WT1: WT2: WT3:	

6.3 Marketing-Mix-Faktoren

Die Marketing-Mix-Instrumente werden in der Literatur vielfältig bestimmt: Die Dreiheit »Produkt, Distribution, Kommunikation« war in den 1970er und 80er Jahren bestimmend. Meffert fügte den Kontrahierungsmix mit den Faktoren Preis und Rabatte hinzu (vgl. *Meffert et al., 2024, S. 22 f.*). Neuere Ansätze fügen die Mix-Faktoren Beschaffung, Service und sogar Ökologie hinzu. Für NGOs ist der Begriff »Produkt« sperrig. Er wird zwar zuweilen benutzt, dennoch sind es oft »Projekte« oder die Institution selbst, für die Marketing betrieben wird. Wenn also im Folgenden von »Produkt« gesprochen wird, ist immer eine Übersetzung in die Praxis der Leser:innen nötig.

Um Austauschprozesse im Sinne der Marketingmaßnahmen und auf der Basis einer CI zu initiieren, bedarf es eines Einsatzes integrierter Marketinginstrumente. Als Marketinginstrumente können die sechs Faktoren gelten: Beschaffung (hier sind z. B. Spenden gemeint oder freiwillige Arbeitszeit), Produkt/Leistung/Projekt, Preis, Distribution/Verteilung, Kommunikation und Service.

Marketing-Mix lässt sich in vier hauptsächliche Marketing-Mix-Faktoren (die sich auch als die vier »Ps« gut merken lassen) gliedern:

1. Der Bereich des Produktes (*Product* – Projekt), der Dienstleistung, der Projekte. Hierzu gehören auch die Produktausstattung, Qualität, Nutzen, Sortiment, Marke, Kund:innendienst; im Bereich der sozialen Institutionen: Programme, Projekte, Stiftungskonzeptionen.
2. Der Bereich der Distribution (*Place* – Platzierung). Die »Reichweite« Unternehmens, der sozialen Institution, regional, national, global, die Verteilung der Dienstleistungen, der Projekte (Absatzkanäle), der Ort des Verkaufs, der Aktionen (z. B. Orte von Veranstaltungen, Events). Dies beinhaltet auch die Fähigkeit (Kompetenz, Autorität), Dienste und Nutzenangebote an die Zielgruppe zu »transportieren«.
3. Der Bereich der Kontrahierung (*Price* – Preis). Dazu gehören Preise, Rabatte, Konditionen und Kredite im Sinne der kommerziellen Unternehmen; Spendenhöhen, Stiftungseinlagen, aber auch Zeit als »Währung« der freiwilligen Arbeit, des ehrenamtlichen Engagements.

4. Der Bereich der Kommunikation (*Promotion*). Zu diesem Mix-Faktor gehören alle Kommunikationsinstrumente, die sich an externe (Werbung, PR, Verkaufsförderung etc.) und interne Zielgruppen (interne Kommunikation) richten.

Nach unserer Auffassung gehören zwei weitere Faktoren hinzu: Beschaffung, das gilt gerade für soziale Unternehmen, und Service, hier besonders die Pflege der Kund:innen oder Spender:innen (Spender:innenbindung, Dankkultur).

Es gibt dabei einen weiteren Ansatz zu berücksichtigen, das Modell der vier Ps, welches auf einem Ansatz von Edmund Jerome McCarthy zurückzuführen ist, der dies erstmals 1960 formulierte und sich insbesondere auf das Produktmarketing bezog (*McCarthy*, 1960). In den 1980er Jahren wurden die 4 Ps durch Bernard Booms und Mary Jo Bitner um drei weitere ergänzt (Booms & Bitner 1981), die insbesondere die Bedürfnisse des Dienstleistungsmarketings berücksichtigen. Sie vertraten damit die oben genannte Auffassung, dass durch die drei Ps – *People*, *Processes* und *Physical Facilities* – das Modell insbesondere eine Erweiterung auf Service und Dienstleistungen erfolgte.

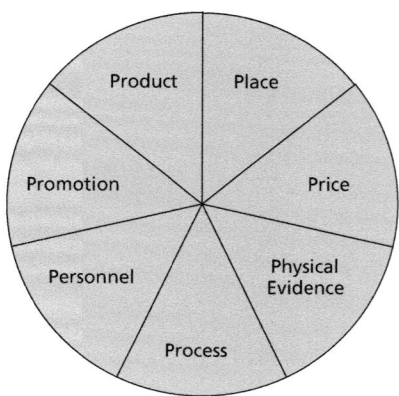

Abb. 1: Die sieben Ps des Marketing-Mixes

People umfasst die für Dienstleistungen äußerst wichtige Personalpolitik, ist diese doch maßgeblich für die Qualität einer Dienstleistung. *Process* steht für dir Prozesspolitik, welche durch das Uno-Actu-Prinzip (Produktion und Konsum fallen in denselben Zeitpunkt) der Dienstleistung von besonderer Bedeutung ist. Und schließlich die Ausstattungspolitik (*Physical Facilities*).

6.4 Marketing-Mix-Faktoren im Rahmen der Marketingpolitik

Marketing als Gestaltungsaufgabe ist immer interessengeleitetes Handeln und damit »politisches« Handeln. Auch das ist bedeutsam für das Marketing der NGOs. So ist der Begriff der Marketingpolitik zu verstehen.

Beschaffungspolitik:
Die Bereitstellung von Kapital, Spenden, Stiftungszuwendungen, Erbschaften, Immobilien, Rechten, Betriebsmitteln, Arbeitskräften, Mitarbeitenden etc. geschieht immer unter Marketinggesichtspunkten. Was auf der einen Seite »Absatz-Marketing« ist, hat auf der Gegenseite »Beschaffungs-Marketing« zum Partner bzw. als Gegenüber.

Produkt-, Projekt- und Leistungspolitik:
Diese umfassen die Gestaltung aller Formen der Leistung einer Unternehmung hinsichtlich ihrer quantitativen und qualitativen Ausgestaltung. Die Produktpolitik definiert den Gebrauchswert, den Produktnutzen, den Nutzen, der für die Zielpersonen aus Projekten entsteht, den Geltungsnutzen und gesellschaftlichen Nutzen des einzelnen Produkts, Projekts oder der Dienstleistung. Strategisch kann sich die Produktpolitik darstellen als:

- Produkt-, Projekt-Entwicklungspolitik
- Produkt-, Projekt-Gestaltungspolitik
- Sortimentspolitik

- Nischenpolitik
- Produkt-, Projekt-Innovationspolitik

Preispolitik:
Jede Leistung hat ihren Preis, besonders die Leistungen, die NGOs, soziale Einrichtungen oder Kirchen anbieten. Mit knapper werdenden finanziellen Mitteln und steigenden Kosten hat die Preispolitik einen immer größeren Stellenwert. Schnäppchen, Rabatte oder Zahlungspausen sind Instrumente der Preispolitik der kommerziellen Anbieter.

Distributionspolitik:
Diese Politik beschreibt Entscheidung über Orte und Wege der Verteilung. Für soziale Einrichtungen geht es weniger um die Verkaufsorte, sondern oft um Projekte, Veranstaltungen usw. »*Wo findet was wann wie oft statt – und welchen Nutzen kann ich erwarten?*«

Kommunikationspolitik:
Diese bezeichnet die Gestaltung aller kommunikativer Maßnahmen nach innen und außen unter dem Einsatz der Kommunikationsinstrumente: Werbung, Verkaufsförderung, Public Relations, Lobbying, Sponsoring, Product-Placement, Dialog-Kommunikation, Events und Veranstaltungen, Kommunikation in den Sozialen Medien, Messen und Ausstellungen sowie die interne Kommunikation.

Servicepolitik:
In gesättigten Märkten erhalten der Ausbau von Kund:innenzufriedenheit und die Schaffung von Kund:innenbindung und Kund:innenwert eine zentrale Bedeutung für den Markterfolg. Die Kund:innen bzw. die Spender:innen werden immer dynamischer, sprunghafter und »unberechenbarer«. Um die Kund:innen oder Spender:innen zu binden, sind deshalb eher Angebote mit Zusatznutzen erfolgreich. Ein glaubwürdige »Dankkultur« beispielsweise ist ein wichtiger Teil einer bindungsfördernden Servicepolitik.

Die Servicepolitik als Marketing-Mix-Faktor wird in Zeiten gleich gut konkurrierender Produkte und Leistungen zunehmend relevanter. Beispiele für gute oder schlechte Serviceleistungen sind Kundendienst, »Hotlines«, Beratungen, Kundenkarten etc.

Serviceleistungen sind Dienstleistungen für die Kund:innen oder Spender:innen – vor dem Kauf, vor der Spende, vor einer Sponsoring-Handlung und noch wichtiger: nach dem Kauf, nach der Spende und während des ehrenamtlichen Engagements!

Die beste Marketingplanung erreicht ihr Ziel nicht, wenn die Mitarbeitenden im Service-Bereich unqualifiziert, unmotiviert und am Telefon unwissend und unhöflich sind.

Die Gestaltung und Pflege der Beziehung zu Kund:innen, Spender:innen, Klient:innen, Multiplikator:innen, Mitarbeitenden usw. ist elementar. Die Kund:innenbindung, Spender:innenbindung, Stifter:innenbindung wird gefördert durch gut ausgebildete und motivierte Mitarbeitende.

Das Ziel des effektiven Einsatzes der Marketing-Mix-Faktoren ist die optimale Kombination der Marketinginstrumente und der einzelnen Aktionsparameter auf der Basis einer sorgsamen Analyse. Eine optimale Marketingplanung führt nur dann zum Erfolg, wenn sie im Rahmen eines systematisch geplanten Prozesses erfolgt. Marketingplanung ist interessengeleitetes, gestaltendes Handeln. Das Sieben-Phasen-Modell systematischer Marketingkommunikation (▶ Kap. 18) ist hier eine erprobte Hilfe.

7 Spezielle Instrumente des Marketings

7.1 Individualisiertes Marketing

Mit der Auflösung des traditionellen Kaufaktes »Ware-Geld-Tausch« durch die Verwendung von Kreditkarten, Internet und PIN-Nummern veränderte sich ein wesentliches Element des traditionellen Marketings. Aus den Interaktionen im »Tante Emma-Laden« wurde der anonyme Einkauf im Discounter oder bei Amazon und Co. Nun verspricht der teilweise anonyme Interaktionskauf im Internet die Leichtigkeit, vom Wohnzimmertisch aus die vielen Optionen der Angebote anzusehen und zu kaufen. Spezielle Formen des »Erlebnishandels« mit qualifizierter Beratung in den Konsumtempeln sind der Luxusklasse vorbehalten.

Die Plastikkarte und das mobile Endgerät ersetzen das Bargeld – es muss nicht sofort bezahlt werden, in vier oder mehr Wochen wird erst die Kaufsumme vom Konto der Kaufenden, der Konsument:innen abgebucht. Die Karte, besonders wenn sie eine an den Handel (z. B. IKEA, Rossmann und Co.) gebundene ist, schafft Kund:innenbindung. Sie baut darüber hinaus die Barriere des »Geldausgebens« ab. Und: Die Kundenkreditkarte ermöglicht dem Warenhaus neben dem Aufbau einer Kund:innendatenbank (Database) eine genaue Erkenntnis über das Einkaufsverhalten der Karteninhabenden. Nutzer:innen von Kreditkarten und Nutzer:innen des »e-commerce« (Kauf über Internet und Online-Banking) hinterlassen eine nachverfolgbare Datenspur über ihr Konsumverhalten. Nun wissen wir seit langem genau, dass diese Daten immer wieder auch gespeichert und gehandelt werden. Die Verführung, mit Daten zu handeln oder »schnell mal Daten zu beschaffen«, ist dementsprechend groß (weiterführend *Niebler & Lindner*, 2022).

7.2 Permission Marketing

Permission Marketing (Erlaubnismarketing) ist eine Form des Direktmarketings – nicht zu verwechseln mit der unaufgeforderten Benachrichtigung von Internetnutzer:innen über Angebote oder Dienstleistungen (Spam). Kund:innen geben dem anbietenden Unternehmen über Internet, Mail oder Telefon oder schriftlich eine Erlaubnis, sie regelmäßig und unaufgefordert mit Informationen, auch über SMS, zu versorgen. Das taktische Mittel, Instrument und Medium: Internet oder Mobiltelefon. So ist es möglich, die ausgewählte Zielgruppe situationsgerecht zur passenden Zeit anzusprechen: Teenager erhalten z. B., wenn sie im Sommer am Strand liegen, Informationen über die attraktiven Bademoden oder die neueste Pflegeserie des Anbieters auf das mobile Endgerät. Oder ein christlicher Sender liefert jeden Morgen ein Gebet auf die Mobiltelefone seiner Spender:innen.

Erst wenn Vertrauen zwischen Anbietern und Nachfragenden, sozialer Institution und Spender:innen aufgebaut wurde, wird den Kund:innen ein Kaufangebot unterbreitet (vgl. *Heinrich*, 2020).

7.3 Neuronales Marketing

Marketingaktionen wollen ein finales Verhalten bei einer ausgewählten Zielgruppe auslösen: Kauf, Spende oder Nutzung. Aus Sicht der Neurobiologie ist eine Reaktion auf Marketing- und Werbekampagnen nur dann erfolgreich, wenn im unbewussten Teil des Gehirns der Zielpersonen eine optimale Mischung aus Bindung, Sicherheit und Vertrauen und gleichzeitig eine Herausforderung emotionaler Aktivierung und Provokation ausgelöst wird. Vor allem dann, wenn es um angestrebte Veränderungen bei den Zielgruppen (im Verhalten oder bei Werten und Einstellungen) geht.

Bei der Betrachtung der beiden notwendigen Einflussfaktoren des neuronalen Marketings und deren Wirkung auf angestrebte Veränderungen bei den Zielgruppen der Kommunikation lässt sich eine Reihe von typischen Marketingkampagnen ableiten.

- »Relation«-Kampagnen: Bindung, Sicherheit und Vertrauen werden in »richtigem« Maß durch die Marketingkommunikation vermittelt. Emotionen und Provokationen werden jedoch nur gering verstärkt. Der Schwerpunkt der Kommunikationswirkung liegt auf der Beziehungspflege und der Kund:innenbindung.
- »Attention«-Kampagnen: Diese Kampagne stellt den Reiz in den Mittelpunkt. Sie löst eine emotionale Beteiligung und kommunikative Herausforderung der Zielgruppe aus. Kund:innenbindung, Sicherheit und Vertrauen werden nicht direkt angestrebt.
- »Shock«-Kampagnen: Ziel ist eine hohe emotionale Aktivierung der Zielpersonen. Die Kampagnen wollen »schocken«, dadurch Aufmerksamkeit erringen und möglicherweise zum gesellschaftlichen Thema werden. Manche Katastrophen-Kampagnen wollen mit dieser Kommunikationstechnik Spenden generieren.
- »Einschleim«-Kampagnen: Ziele sind eine starke Bindung, Sicherheit und Vertrauen durch emotionale und anbiedernde Kommunikation.

Neuronales Marketing will mit einer »richtigen« Mischung an Kund:innenbindungsimpulsen, Sicherheit und Vertrauen sowie Herausforderung, Provokation und emotionaler Aktivierung nachhaltige Veränderungen im Verbraucher:innenverhalten ermöglichen (vgl. auch *Häusel*, 2019).

7.4 Guerilla-Marketing

Militärisches Denken erfasst zunehmend das Marketingdenken, besonders im kommerziellen Marketing: Um in hart umkämpften Märkten mehr Durchschlagskraft zu erhalten, wird das in den USA entwickelte Konzept des Guerilla-Marketing eingesetzt.

Die Merkmale sind jene, die im Guerilla-Kampf gelten: rebellisch, überraschend, unkonventionell und besonders effizient. Mit Guerilla-Marketing wird eine Auswahl untypischer und undogmatischer Marketingaktivitäten beschrieben, die mit einem geringen Mitteleinsatz eine möglichst große Wirkung erzielen sollen.

Mit dem Einsatz von Guerilla-Marketing soll die Aufmerksamkeit der übersättigten Konsument:innen durch originelle, außergewöhnliche und geschickt gewählte Aktionen gewonnen werden. Regen sich die Kund:innen oder Spender:innen auf, so sei diese Marketingtechnik erfolgreich. Die Spender:innen und Kund:innen beschäftigen sich mit dem Unternehmen.

Guerilla-Marketing entwickelt sich zu einer Marketing-Mix übergreifenden Basisstrategie, einer marketingpolitischen Grundhaltung der Marktbearbeitung. Bewusst werden unkonventionelle, bisher missachtete und sogar tabuisierte Mittel und Maßnahmen eingesetzt. Bewusst aggressiv und auf starke Reize aufbauend, wird auf Ethik und Moral verzichtet. Symbole der Gewalt oder aggressiver Darstellungen schaffen es, Bekanntheit zu erreichen. Die Marketingkommunikation will polarisieren. Auch offene Kritik und die »Abmahnungen« durch Branchenverbände werden bewusst eingeplant und in Kauf genommen (*Levinson*, 2018).

8 Die Marke

8.1 Mythos Marke

Marken werden oft »übernatürliche, mystische Kräfte« zugewiesen (Mythos der Marke), die Konsument:innen, Spender:innen, Nutzer:innen oder Träger mit Kraft, Eleganz, Innovation oder Stil ausstatten. Markenwerbung verfolgt häufig das Ziel, Geschichten oder auch Mythen zu produzieren. Mythen, Narrative sind die kleinen Märchen und Geschichten, die sich die Menschen erzählen. Es sind die Mini-Geschichten der Spots und Filme, die erzählen, dass Parfum und Natürlichkeit zusammengehören, dass Parfums eine Garantie der Begehrlichkeit versprechen oder dass Alkohol Gesellschaft und Freundschaft verspricht.

Gute Marken haben einen Mythos. Es sind die Lebenswelten, in denen Marken durch langes Erzählen in den TV- und Internet-Spots, den Hörfunk-Spots und den vielen Bildern der Plakate vorgestellt werden. Die Mythen treffen die Sehnsüchte und Wünsche der Menschen und prägen die populäre Alltagskultur.

Nivea, Coca-Cola, Adidas oder Mercedes haben Lebenswelten und Markenmythen aufgebaut. Diese Produkte weisen eine besondere Individualität auf und werden somit unaustauschbar, einzigartig, »unique«.

Eine Marke, die durch ihren Auftritt im Markt eine Persönlichkeit gewonnen hat, findet dauerhafte Zuneigung bei einer großen Zahl von Menschen, Käufer:innen, Konsument:innen. Es entsteht durch Vertrauen eine Markenbindung.

Marken sind immer wieder auch Kultgegenstände, Markenzeichen (oft Tiergestalten oder andere Symbole). Die Marke ist eine erlebte Identität des Unternehmens. Der VW-Käfer war Lebenssymbol, Mythos und Zeichen deutscher Leistungskraft; es ist sogar gelungen, diese Symbolkraft auf den Nachfolger »Golf« zu übertragen. Adidas, Puma und Nike sind Produkte, mit denen sich die Kinder – erfolgreich in »Kids« umgetauft – auf dem Schulhof positionieren und differenzieren.

Zusammengefasst: Marken schaffen Märkte durch soziale Akzeptanz, Glaubwürdigkeit und Sympathie.

8.2 Markenpolitik

Die Marke ist ein eingeprägtes, aufgestempeltes oder auf andere Weise an einer Sache befestigtes Zeichen, das ein Eigentumsverhältnis, eine Herkunft sowie Qualität bezeugt. Marken sind Grenzzeichen, Hausmarken, Handelsmarken, Fabrikzeichen oder Warenzeichen.

Die Marke (»brand«) markiert ein Angebot, eine Leistung, eine gesellschaftliche oder spirituelle Position, sicht- und spürbar im Markt. Sie ist das Brandzeichen des Anbieters für die von ihm garantierte Qualität. Die Marke hilft dem Anbieter, mit den Konsument:innen in Kontakt zu treten. Eine Marke, eine Ware oder Dienstleistung, die mit einem Versprechen ausgestattet ist, hilft den Konsument:innen, Spender:innen oder Klient:innen, sich zu orientieren, Vertrauen zu fassen und Verlässlichkeit anzunehmen.

Die Marke hat zwei Dimensionen: Inhalt und Form. Waren, die mit einem Warenzeichen oder einer gleichbleibenden Ausstattung ausgezeichnet sind, garantieren eine gleichbleibende Qualität und gleichbleibende Mengenpackung. Immer mehr soziale Institutionen wollen sich als Marke etablieren, die mit einem psychologischen »Markenkern« versehen ist, und den Konsument:innen emotionale und rationale Orientierung im differenzierten Massenangebot bieten. Marken müssen also einzigartig und unverwechselbar sein.

Der *Inhalt* einer Marke ist die konkrete Botschaft, angereichert und emotionalisiert durch mediale und persönliche Erfahrungen der Zielpersonen mit der Marke. Erfolgreiche Marken garantieren allein durch ihre Präsenz Sicherheit. Markennutzer:innen vertrauen ihnen auch ohne genaue Prüfung. Marken sind die Botschafter einer Warengesellschaft und sind Begleiter im Leben der Bürger:innen. Die Bürger:innen haben gelernt »*Bitte ein Bit*« zu sagen, »Ich will so bleiben, wie ich bin« zu singen oder im Alltag »*Mach mal Pause*«, »*Es gibt viel zu tun*« oder »*… nicht immer, aber immer öfter*« in unsere Reden einzubauen. Und jeder erkennt die doppelte Bedeutung. Einige Markennamen sind bei den Konsument:innen als Produktgattungen im Gedächtnis verankert: Nivea, Coca-Cola, Tempo, Tesa oder Zewa.

Die *Form* wird durch Design geschaffen. Design heißt im Englischen ganz allgemein Plan oder Entwurf. Design beschreibt also, wie etwas gemacht werden soll. Oft zwingt Design zu einer genauen Beschreibung des Inhalts der Marke, der zuvor nur intuitiv erfasst ist. Design übersetzt Inhalt in Form und fungiert dadurch als ein Instrument der Information. Es verschafft der Marke eine visuelle Alleinstellung am Markt.

Marken begleiten unser Konsumverhalten, unser Spendenverhalten; sie sind die Symbole und Metaphern im Tempel der Warenwelt. Marken müssen in der Psyche der Verbraucher:innen präsent sein.

Sie haben jedoch keine Überlebenschance, wenn ihr Markenkern nicht gekennzeichnet ist durch Qualität, Dauerhaftigkeit, Glaubwürdigkeit und neuerdings: Nachhaltigkeit und Preisstabilität. Das macht die Markenkompetenz aus. Kleine Produktinnovationen überraschen die Markennutzer:innen und machen die Marke attraktiv. Der gute Markenname, die Unverwechselbarkeit, ihre Einmaligkeit in den grundlegenden Aussagen, Anmutungen und Qualitätsmerkmalen sind die wichtigsten Bestandteile des »genetischen Codes« einer Marke.

Hans Domizlaff, der Vater der Markentechnik, nannte schon 1936 die Grundzüge der Markenpolitik. In seinem Werk: »Die Gewinnung des öffentlichen Vertrauens« wies er u. a. auf drei Grundsätze der Markentechnik hin:

> »Die Voraussetzung der natürlichen Markenbildung ist die Warenqualität.
> Nicht der Preis entscheidet in erster Linie, sondern das Vertrauen in die Qualität.
> Zukunftssichere Markenwaren müssen im Konkurrenzkampf sehr scharf kalkuliert werden« (*Domizlaff*, 2005, S. 27 f.).

Seine Kernaussage zur Markenbildung kann heute noch richtungsweisend sein, auch wenn Sprache und das Hervorheben des Technischen etwas ungewohnt erscheinen:

> »Das Ziel der Markentechnik ist die Sicherung einer Monopolstellung in der Psyche der Verbraucher. Der Ausgangspunkt ist die markentechnische Erfindung, die auch, wie jede technische Erfindung, nur auf einer Besonderheit beruhen kann. Es handelt sich dabei – mehr oder weniger ergänzt durch materielle Vervollkommnung – um eine erhöhte psychologische Zweckerfüllung« (*Domizlaff*, 2005, S. 23).

Die Förderung und Verankerung der Marke im Bewusstsein der Verbraucher:innen oder in der Spender:innenpersönlichkeit ermöglicht heute der markenpolitische Marken-Dreiklang:

- Markenbekanntheit,
- Markensympathie und
- Markenverwendung (bzw. Markenbesitz) (vgl. *Steiner*, 2023).

Der Markenstatus wird als Berührungspunkt von Markenpersönlichkeit und Verbraucher:innenpersönlichkeit definiert: Er zeigt auf, in welchem Maße die Marke in den spezifischen Verbraucher:innen- oder Spender:innensegmenten akzeptiert wurde. Im Umgang mit einer Marke gewinnen die Verbraucher:innen oder Spender:innen Erfahrungen. Für die Konsument:innen oder die Spender:innen erfüllt sich hier das in der Marketingkommunikation dargestellte Markenversprechen.

Kommunikationsziel der Markenwerbung in diesem Zusammenhang ist, den Prozess von der Unkenntnis über das Aufmerksamwerden bis hin zur kognitiven und emotionalen Einschätzung einer Marke, von der Zuneigung über das Probieren bis zur wiederholten Verwendung durch Kommunikation zu steuern. Markenbindung/Spender:innenbindung ist das Ziel.

Der Markterfolg ist nach dieser Auffassung nur über den strategischen Prozess der Bekanntheit (Steigerung des Bekanntheitsgrades) zu schaffen, Sympathie (Steigerung der Sympathiewerte) oder Image (Schaffung eines positiven Images) zu erzeugen und eine konkrete Kauf-, Spenden- oder Verwendungsentscheidung auszulösen.

9 Kommunikationspolitik des Unternehmens

Die kommunikativen Beziehungen zwischen Anbietern und Nachfragenden, sozialer Institution und Spender:innen weisen eine subjektiv empfundene und objektiv gegebene Informationsüberlastung auf. Die permanente Entwicklung der Informations- und Kommunikationstechnologie verstärkt den Prozess der Überlastung: Die Empfänger:innen der Kommunikationsbotschaften finden nicht die Zeit, die Fülle der Informationen zur effektiven Nutzung ihrer Einkäufe, zur sicheren Spendenentscheidung zu treffen. Der Prozess der Überinformation führt somit nicht zu einer Entscheidungssicherheit, sondern eher zu einer Stresssituation.

Die gesamtgesellschaftliche Informationsüberlastung bedeutet, dass nicht einmal 2 % der täglich aufgenommenen, werblichen Informationen wahrgenommen werden. Über 98 % der Werbeansprachen werden von Rezipient:innen als »Informationsmüll« empfunden. Schon die Beschränkung des menschlichen Aufnahmevermögens zwingt die Rezipient:innen, die täglichen Informationen zu selektieren und auf ihre persönliche Relevanz zu überprüfen.

Gesellschaftliche Werte-Trends bestimmen die Kommunikation am Markt: Die Konsument:innen suchen verstärkt nach immer neuen Unterhaltungsangeboten, Anregungen, Schnäppchen und Lusterlebnissen.

Unternehmen – auch die sozialen Unternehmen – sichern sich in hochdifferenzierten Märkten mit weitgehend gleichen Produkten und Leistungen durch ein klares Markenversprechen eine Position. Merkmale einer Positionierung im Markt sind:

- Die Relevanz für Kund:innen bzw. Spender:innen: Welchen Wert hat das Markenversprechen für den Kund:innen?
- Die Einfachheit: Ist das Markenversprechen verständlich für die angestrebte Zielgruppe?
- Die Alleinstellung: Was ist neu an dem Versprechen? Unterscheidet sich das Versprechen aus der Sicht der Verbraucher:innen, der Spender:innen klar von den Versprechen der Konkurrenz?
- Die Glaubwürdigkeit: Stimmt das Versprechen hinsichtlich der tatsächlichen Leistung, der Qualität und Quantität des Produkts?

Eine klare Positionierung am Markt, eine glaubwürdige Unternehmens- oder Markenpersönlichkeit präsentieren den Konsument:innen oder Spender:innen jene Werte, die sie selbst dem Unternehmen und seinen Leistungen beimessen. Für die Werbeansprache ergeben sich daraus Konsequenzen:

- in der argumentativen und emotionalen verbalen, bildlichen, farblichen Positionierung,
- in der deutlichen Hervorhebung des Nutzenversprechens (Benefit),
- in einer klaren Begründung, warum der Nutzen so gewinnbringend für die Nachfragenden sei,
- eine kurze, prägnante Kernaussage, die sich als Botschaft glaubwürdig im Langzeitgedächtnis speichern lässt.

9.1 Kommunikations-Mix-Faktoren

Die Kommunikation eines Unternehmens – und in einem Unternehmen – erfolgt über Sprache als gesprochene und geschriebene Worte, Bilder, Farben, Töne, Zeichen (Markenzeichen), Symbole (CD) usw. Die Identität eines Unternehmens, das seine Leitideen, sein Leitbild zu jeder Zeit nach innen und außen kommuniziert, zeigt sich in der Corporate Identity (CI) und in der Corporate Communication. Die Darstellung der Unternehmensidentität geschieht u. a. über eigene Publikationen als Corporate Publishing (CC). Ein Teil der CC ist die Marketingkommunikation.

Die grafische Ausprägung der Kommunikation wird in den Richtlinien der Corporate Design (CD) festgelegt und damit sichtbar. Die visuelle Anmutung eines Unternehmens ist oft entscheidend, ob das Unternehmen überhaupt als interessant für die Konsument:innen wahrgenommen wird (vgl. Keite, 2024).

Die Planung und Strategie der Kommunikation nach innen und außen sind als Kommunikationspolitik zu definieren.

Externe Kommunikations-Mix-Faktoren:

- Werbung (klassische Medienwerbung »below-the-line«)
- Publik Relations, Presse- und Öffentlichkeitsarbeit
- Verkaufsförderung (Sales Promotion, POS, Kataloge etc.)
- Messen und Ausstellungen
- Event-Kommunikation
- Product Publicity
- Product Placement
- Response-, Dialog-, Direktkommunikation
- Customer Relationship Management
- Multimedia-Kommunikation (Online- und Internet-Kommunikation)
- Sponsoring (Kultur, Sport, Umwelt, Soziales)
- Interne Kommunikation

Mit Hilfe des integrierten und speziellen Einsatzes von Kommunikationsinhalten, -design, -mitteln und -medien soll das Marktverhalten von Marktteilnehmern (Anbieter, Nachfragende, Mittler) gesteuert werden und Botschaften sollen sich nachhaltig im Kopf der Konsument:innen, der Spender:innen festsetzen.

9.2 Reklame oder Werbung

Der Begriff Reklame ist aus dem lateinischen Wort »*clamare*« und aus dem französischen »réclamer« abzuleiten und meint »dagegen schreien«, »entgegen schreien« oder »lauten Widerspruch erheben«. Wir haben uns daran gewöhnt, Reklame als Marktschreierei zu bezeichnen. Das Wort »werben« hat seinen Ursprung in dem althochdeutschen Wort »wervan«, sich drehen, sich bewegen, und dem althochdeutschen »*werban*«. Das heißt im Sinne der Ausdeutung des Begriffs: »die Aufmerksamkeit auf sich lenken«. »Werberin« hieß sogar in der mittelhochdeutschen Sprache »Kupplerin«.

Die Beeinflussung von Verhaltensweisen ausgewählter Personen durch Werbung, die zu einer finalen Kauf- oder Spendenhandlung führen soll, war schon im Kern der Reklamepsychologie von 1906 enthalten:

> »Unter diesen ist der Aufsatz zu Wities erwähnenswert, der sich die Aufgabe gestellt hat, zu erforschen, wie es zu erklären sei, dass Reklame auf das Publikum immer von Neuem einen bestimmten Einfluss auszuüben vermöge, trotzdem dieses selbe Publikum die eigennützigen Interessen und Absichten der Reklame theoretisch sehr wohl durchschaue und infolge dessen, wie auch infolge bereits gemachter Erfahrungen, allen Versprechen und Anlockungen der Reklame misstrauisch und skeptisch gegenübersteht« (*König*, 1924, S. 5).

Dennoch waren Richtlinien für Reklame schon in den 20er Jahren des 20. Jh. empfohlen (vgl. *Domizlaff*, 2005), die heute für Werbung gelten könnten, wobei »Käufer:innen« auch durch »Spender:innen« übersetzt werden kann:

- Die Reklame muss wirksam sein.
- Die Reklame muss rational sein.
- Die Reklame muss dem Standpunkt der Käufer:innen Rechnung tragen.
- Bild und Text müssen im Einklang stehen.
- Die Reklame muss an das Gefühl der Käufer:innen appellieren.
- Die Reklame muss überzeugen.
- Die Reklame muss verkaufen.

Die Begriffe Reklame, Werbung, Propaganda und Kommunikation werden oft unscharf definiert (▶ Kap. 11). Bis zum Zweiten Weltkrieg galt der Begriff Reklame als Ausdruck der Anpreisung wirtschaftlicher Güter und Dienstleistungen. Der Begriff Werbung wurde in den 1930er und 40er Jahren vom Reichswerberat eingeführt. Nach Goebbels totaler Manipulation durch Propaganda erlebte die Werbung in den Nachkriegsjahren von Westdeutschland ihr Comeback: In den späten 1960er Jahren umgab sich die Werbung mit der geheimnisvollen Tiefenpsychologie. Auslöser war das Werk von Vance Packard »Die geheimen Verführer«. Er wollte beweisen, dass für das Auge unsichtbare Werbe-Impulse, in Filmen verpackt, die Zuschauer:innen manipulieren, sie »unterschwellig« zum Kauf von Produkten verführen (vgl. *Packard*, 1978).

Die Werbung ist allgegenwärtig, sie beeinflusst unser Leben. Je nachdem, ob sie in Großstädten oder auf dem Lande wohnen, werden Bürger:innen täglich mit 10.000 bis 13.000 Werbebotschaften konfrontiert (vgl. *Koch*, 2018)

Werbung oder Reklame? Die Konsument:innen können die Begriffe nicht differenzieren. Die Kritiker:innen wollen die Begriffe nicht unterscheiden.

Reklame setzt auf vordergründige Reize und kurzfristige Effekte. Sie will nicht verändern; sie will beeindrucken und buhlt um Aufmerksamkeit. Reklame ist marktschreierische Anpreisung von Waren.

Werbung als Wirtschaftswerbung richtet sich als zweckorientierte Kommunikation auf den Bereich der Ökonomie.

Propaganda als ideologische, weltanschauliche Kommunikation basiert auf einem allgemeinen Wahrheitsanspruch mit mythologischer Begründung und einem klar definierten Feindbild (vgl. *Hoffjann*, 2023, S. 1 ff.).

10 Werbung als Instrument im Marketing-Mix

Im Sinne der Public Relations sind Werbung und PR zwei gänzlich unterschiedliche Instrumente: Werbung soll zunächst verkaufen; PR soll über Vertrauensbildung ein positives Image schaffen. Kleine Unternehmen und viele soziale Organisationen glauben stets, PR sei preiswerte Werbung. Das ist falsch! Wird PR dann als Werbung entlarvt, wird sie unglaubwürdig. Die Wahrnehmung von Werbung ist sehr unterschiedlich:

- Werbung soll verkaufen.
- Werbung nervt.
- Werbung unterhält.
- Werbung informiert.
- Werbung manipuliert.
- Werbung provoziert.
- Werbung ist Kunst.
- Werbung ist an allem Schuld.

Die Werbung ist die älteste Form der Anpreisung von Waren und Dienstleistungen. Gut dekoriert wurden schon auf den Märkten des frühen Orients Güter angeboten, und die Ausgrabungen von Pompeji zeigen Formen der öffentlichen Werbung für Produkte (*Meffert et al.*, 2024).

Die ältesten Beispiele der Werbung sind Texte aus dem ersten Jh. v. Chr. in altgriechischer Sprache. Die Werbebotschaften preisen Immobilien, Öle, Marmor, Glas, Wirtshäuser und käufliche Liebe an. Aus Pompeji (79 n. Chr.) ist sogar Wahlwerbung für Politiker:innen bekannt. Oft wird mit den Werbeversprechen »beste Qualität«, »günstige Preise« und »Omnis humanitas praestur« (jeglicher Komfort wird geboten) geworben.

Die Art und Weise, wie Menschen was kommunizieren, und dies ganz besonders öffentlich über Werbung, sagt mehr über die Kultur aus als die vielen strittigen Kulturkritiken, die kommuniziert werden.

Beeinflusst Werbung den Kaufentscheidungsprozess?
Kann Werbung die Kaufprozesse oder die Spendenentscheidungen Zielgruppen steuern?

Werbepsychologen unterscheiden heute zwischen Werbeempfänger:innen, die entweder »high involved« oder »low involved« sind. So ist ein Großteil der Zielgruppen nur schwach involviert, sie nehmen Werbung kaum oder nur am Rande war.

Werbung soll verkaufen, sagt das Marketing. Werbung ist Kommunikation und soll beim Aufbau einer Marke mit Sympathie und hohem Bekanntheitsgrad helfen, sagt der Markentechniker. Werbung soll unterhalten und ein freundliches, positives Image aufbauen. Und schließlich: Werbung soll Produktinformationen liefern.

Sie beeinflusst durch Themensetzung, durch aufgreifen von Trends, Anbieten von Ersatzbefriedigungen, Weltflucht und Unterhaltung. Informationen, Nachrichten, sachliche Berichte wirken nur bei Zielpersonen, die argumentative Entscheidungshilfe suchen (siehe auch *Gröppel-Klein*, 2022).

11 Definition Werbung

Die historisch erste Definition des Wortes und Begriffes »Werbung« im deutschen Sprachraum, niedergelegt im Brockhaus aus dem Jahre 1848, versteht Werbung im Sinne eher der Soldatenanwerbung:

> »Werbung bezeichnet den Ersatz des Heeres durch Rekruten, welche gegen ein gewisses Handgeld freiwillig in den Militärdienst treten. Jede Kompanie musste eine Anzahl derselben haben und den Abgang durch Desertion usw. aus eigenen Mitteln decken. Daher kam es, dass oft schlechtes Gesindel eingestellt wurde; auch fanden oft Missbräuche und selbst Gewalttätigkeiten statt, um junge und unerfahrene Personen zu überreden und zu betrügen« (*Brockhaus*, 1848).

Als erste »Werbekampagne« mittels eines zentralen und reichweitenstarken Plakatanschlages können 1517 Luthers 95 Thesen wider den Ablass gelten. Seine »Kommunikations-Initiative« nutzte die beginnende kommunikationstechnische Revolution, den Buchdruck.

Im weitesten Sinne ist Werbung *»eine absichtliche und zwangfreie Form der Beeinflussung, welche die Menschen zur Erfüllung der Werbeziele veranlassen soll«* (*Behrens*, 1975, S. 4), oder mit anderen Worten: Werbung ist eine Form der seelischen Beeinflussung, die durch bewussten Verfahrenseinsatz andere zum freiwilligen Aufnehmen, Selbsterfüllen und Weiterverpflanzen des von ihr dargebotenen Zwecks veranlassen will (vgl. *Seyffert*, 1952, S. 13).

J. W. Sommer definierte schon 1963 in den GfM-Mitteilungen zur Markt- und Absatzforschung: *»Unter Werbung soll ... der Versuch verstanden werden, einen fest umrissenen Personenkreis zum freiwilligen Vollzug einer Handlung zu veranlassen«* (zit. nach *Edler*, 1966, S. 18 f.).

Noch unspezifischer definiert Carl Hundhausen Werbung als *»Äußerungen, die sich an diejenigen richten, deren Aufmerksamkeit zu gewinnen versucht wird«* (*Hundhausen*, 1996, S. 38). Hundhausen definiert Propaganda sogar als »Werbung«, die sich auf die »*Ausbreitung von Ideen, Vorstellungen, Ideologien staatlicher, religiöser oder kultureller Natur richtet*« (zit. nach *Edler*, 1966, S.19).

Kommunikation im Sinne der Marketingkommunikation wurde ab den 1970er Jahren zum Begriff für alle kommunikativen Maßnahmen eines Unternehmens; die Werbung wurde als ein Instrument im Bereich der Marketingkommunikation betrachtet. Nach heutiger Auffassung ist Werbung eingebettet in das integrierte Marketing. Markenartikel werden heute weltweit kommuniziert (Coca-Cola, IBM, Nike usw.). Werbung ist ein Teil der gesellschaftlichen, lokalen, nationalen und globalen Öffentlichkeit – und in ihrer Gesamtheit kulturprägend.

Im Überblick lassen sich folgende Definitionen nennen:
Der Werbepsychologe Hoffmann sieht in der Werbung

> »die geplante, öffentliche Übermittlung von Nachrichten […], wenn die Nachricht das Urteilen und/oder Handeln bestimmter Gruppen beeinflussen und damit einer Güter, Leistungen oder Ideen produzierenden oder absetzenden Gruppe oder Institution (vergrößernd, erhaltend oder bei der Verwirklichung ihrer Aufgaben) dienen soll« (*Hoffmann*, 1981, S. 10).

Ähnlich definiert Haseloff, dass Werbung »*... eine spezielle Form der instrumentellen Kommunikation bzw. eine Sozialtechnik darstellt*« (zit. nach *Behrens*, 1975, S. 158), mit deren Hilfe menschliches Denken, Erleben und Verhalten unter Ausschluss negativer Sanktionen mit Mitteln der Kommunikation zu verändern unternommen wird. Für Manfred Bruhn bedeutet klassische Werbung

> »den Transport und die Verbreitung werblicher Informationen über die Belegung von Werbeträgern mit Werbemitteln im Umfeld öffentlicher Kommunikation gegen ein leistungsbezogenes Entgelt, um eine Realisierung unternehmensspezifischer Kommunikationsziele zu erreichen« (*Bruhn*, 2022, S. 194).

Werbung ist eine Sozialtechnik und eine spezielle Form der beeinflussenden Kommunikation, die »*menschliches Verhalten unter Ausschluss negativer Sanktionen wie Drohung oder Zwang mit den Mitteln der Kommunikation zu steuern unternimmt*« und, auf die Wirtschaftswerbung abhebend, als »*geplante öffentliche Kommunikation zum Zweck einer ökonomisch wirksamen Information, Persuasion, als Entscheidungs-Steuerung*« und »konsumti-

ves Verhalten« (*Behrens*, 1975, S. 158). Werbung ist damit klar eine Form der psychischen Beeinflussung und entsprechend Manipulation.

Im Rahmen der Marketingkommunikation ist Werbung ein Kommunikations-Mix-Instrument. Es bedient sich der Werbemittel und Werbemedien im Rahmen einer strategischen Werbeplanung. Innerhalb der Werbung werden drei Teilbereiche unterschieden (vgl. *Bruhn*, 2018):

- Werbeplanung: die Ziel- und Programmplanung,
- Werberealisation: die Gestaltung der Werbemittel und ihre Streuung,
- Werbekontrolle: die Messung des Werbeerfolgs.

Manfred Bruhn definiert:

> »Die *Medienwerbung* ist:
> eine Form der unpersönlichen Kommunikation;
> eine Form der mehrstufigen, indirekten Kommunikation,
> welche sich öffentlich und ausschließlich über
> technische Verbreitungsmittel, Medien mittels Wort-, Schrift-, Bild- und/oder Tonzeichen
> an ein disperses Publikum richtet« (*Bruhn*, 2018, S. 333).

Eine weitere mögliche Unterscheidung der Werbung ist die Gliederung nach:

- Leistungswerbung, die Präsentation von Dienstleistungen, Projekten, Produkten,
- Imagewerbung, die psychische Profilierung und Positionierung von Produkten, Marken und Unternehmen,
- Ideenwerbung, die Präsentation von Leitbildern, religiösen und sozialen Zielen.

11.1 Ziele der Werbung

Die Ziele der Werbung im Marketing-Mix lassen sich nur realisieren, wenn der Zielperson Glauben gemacht wird, sie handle auf der Basis von Einsicht, Vernunft, positiver Emotionen und zum eigenen Nutzen.

Werbepsychologisch werden zur Steuerung des Konsument:innenverhaltens (oder Nutzer:innenverhaltens, Spender:innenverhaltens usw.) Erkenntnisse der Verhaltenspsychologie, der Psychoanalyse, der Gestalttheorie, der Biopsychologie, der Anthropologie und, in jüngster Zeit, (der Wissenschaft) der Neurobiologie herangezogen (vgl. *Gröppel-Klein*, 2022).

Das Ziel der Werbung besteht z. B. darin, Zielgruppen (die potenziellen Kund:innen als Konsument:innen, Geschäftspartner, Spender:innen oder Klient:innen) zu informieren, zu emotionalisieren, also zu beeinflussen die Dienstleistungen oder das Produkt nachzufragen und die Angebote konkurrierender Unternehmen und Organisationen zu diskriminieren.

Die traditionellen Werbeziele im Rahmen des verhaltensorientierten Ansatzes sind seit 1898 nach der AIDA-Formel:

- A = Attention – Aufmerksamkeit, Blickfang, Beachtung schaffen
- I = Interest – Interesse wecken durch Informationen
- D = Desire – Wunsch nach Besitz stärken, Motivation auf Bedürfnisse zielend
- A = Action – Probe- oder Kaufhandlung auslösen
(siehe *Hoffmann*, 2022)

Der »Markendreiklang« als Ziel der Marketingkommunikation und der Markenkommunikation wurde schon vorgestellt:

- Bekanntheit schaffen, steigern, festigen,
- Sympathie aufbauen,
- Verwendung: zur Spende, zur Benutzung zeigen, um zum Kauf zu animieren.

Werbung liefert für die Werbeempfänger:innen (Rezipient:innen) ein Nutzenversprechen (»consumer benefit«):

- einen Nutzenbeweis als dramatisierendes Nutzenversprechen (proof) und
- die Anspruchsbegründung für den Besitz und Kauf des Produkts, der Dienstleistung (the reason why).

Werbung hat weiterhin als Ziel:

- Bekanntheit steigern
- Marken stabilisieren
- Absatz kurzfristig stimulieren
- Lernprogramme initiieren
- Image aufbauen
- Bedürfnisse wecken
- Bedürfnisse lenken
- Produkt zeigen
- Produktnutzen demonstrieren
- Legitimationen vor und nach dem Kauf vermitteln

Werbung soll als verantwortbare Kommunikation informativ sein, sie darf suggestiv sein, aber sie darf (eigentlich) nicht manipulativ sein (vgl. *Siegert & Brecheis*, 2024).

> Werbung soll informativ sein:
> Die Information muss einen nachrichtlichen Gehalt haben (die Zielgruppe sollte sich danach richten können) und muss wahrheitsgemäß sein.
>
> Werbung darf suggestiv sein:
> Suggestion ist die Beeinflussung. Die Wahrheit einer Botschaft muss eine Anziehungskraft besitzen. Die Anziehungskraft des »Boten«, des Werbemittels (der Anzeige, des Briefes oder des Mediums) soll die Wahrheit der Botschaft verstärken, darf sie aber nicht überspielen und

verdunkeln. Das kann ein Problem sein, wenn das Medium selbst eine Botschaft ist, z. B. als Ideologieträger.
Eine Werbung, die sich der emotionalen Verstärkung durch sexuelle oder aggressive Reize bedient, diese dramatisiert, wird zwar wahrgenommen und sogar lustvoll rezipiert, muss jedoch nicht unbedingt den Kauf-Akt oder gar einen Spendenakt auslösen.

Werbung sollte nie manipulativ sein:
Manipulation ist die Beeinflussung der Emotionen, der Gefühle. Das Ziel ist es, am kritischen Verstand vorbei eine Botschaft im Unbewussten zu verankern. Wird Manipulation entdeckt, führt sie unweigerlich zu einer Verunsicherung.
Manipulation ist der Versuch, einen Menschen zu hintergehen und »über den Tisch zu ziehen«.

11.2 Werbeplanung und Werbestrategie

Werbung ist eingebettet in eine Kommunikationsstrategie im Rahmen des Marketing-Mix eines Unternehmens und basiert auf der Identität des Unternehmens. Generell liegt somit der Werbung ein Konzept zugrunde. Der Einsatz des Submix-Faktors »Werbung« selbst basiert auf einem Werbekonzept. Als hilfreich für die konzeptionellen Überlegungen haben sich die bekannten »W-Fragen« bewährt:

- WAS sagen wir – Begründung des Nutzens (reason why & USP)
- WEM – Zielgruppe, selektiert nach soziodemografischen und psychografischen Merkmalen
- WANN – zu welchen Zeitpunkten, in welcher Situation
- WO – an welchen Orten sind unsere Zielgruppen, die Entscheidenden, die Verwender:innen, die Nutzer:innen anzutreffen

- WOMIT – mit welchen Mitteln und Medien
- WIE – Tonalität, Stil, Stilmittel, Bilder, Sprache, Musik, Geschichten

Der Werbe-Planungsprozess im Rahmen des Kommunikationsmix und damit auch das Briefing, die Aufgabenstellung an eine mögliche Agentur, beinhalten:

- Situationsanalyse (intern, extern)
- Definition der Werbeziele (im Rahmen der gesamten Marketing- und Kommunikationsziele)
- Zielgruppenplanung
- Festlegen der Stilmittel der Werbung (kreative Plattform: Tonalität)
- Definition der Copy-Strategie
- Definition des Werbebudget
- Mediaplanung und Streuplanung
- Maßnahmenplanung (Ort, Zeit, Intensität, Frequenz)
- Werbe-Erfolgskontrolle, Werbewirkung

Eine Copy-Strategie besteht aus folgenden Bestandteilen:

- Werbeziel: qualitative Kommunikationsziele, z. B. Bekanntmachung, Profilierung, Abgrenzung von der Konkurrenz etc.
- Zielgruppe: abgegrenzte Personengruppe, z. B. »16- bis 30-jährige Performer:innen«
- Consumer Benefit: der Verbraucher:innennutzen
- Reason Why: Begründung des Nutzens
- Tonality: die atmosphärische Verpackung, die Art und Weise der Präsentation, z. B. »seriös« oder »humorvoll«
- Restriktionen: z. B. gesetzliche Restriktionen, Hinweise auf Zigarettenwerbung (»Raucher sterben früher«)
- Positionierung: Merkmale, die eine Marke von der Konkurrenz unterscheiden
- Werbeziele

11 Definition Werbung

Die Ziele der Werbung wurde oben schon vorgestellt. Hier noch einmal die generellen operationalisierbaren Werbeziele:

- die Bekanntmachung einer neuen Marke, eines neuen Projektes bei bestimmten Zielgruppen,
- die Erhöhung des Bekanntheitsgrades einer bereits eingeführten Marke,
- die Beeinflussung des Markenimages in eine bestimmte messbare Richtung,
- Umsatzsteigerungen in verkaufsschwachen Gebieten oder Zeiten,
- Das Verbessern oder Wecken von Verständnis für neue Eigenschaften eines Produkts,
- Lernen bestimmter Nutzungsweisen des Produktes oder der Leistung.

Generelle emotionale Werbeziele:
Einstellungsveränderung zum Produkt oder der Leistung: Profilierung und Positionierung in einem bestimmten Meinungsfeld (z. B. ökologisch verantwortlich oder jugendlich narzisstisch), die Verstärkung des Image, der Markentreue und Markenbindung.

Einstellungen sind gelernte, relativ dauerhaft verankerte Beurteilungen einer Sache oder eines Zustandes. Image ist das subjektiv erlebte Bild eines Produktes, einer Leistung, einer Marke oder eines Unternehmens.

Werbestrategie:
Werbung als bewusste Beeinflussung von Zielpersonen bedient sich der Werbemittel und Medien. Dabei transportiert das ausgewählte Medium selbst eine Botschaft: »The medium is the message.« (Marshall McLuhan, Penguin Classics, 2008). Strategisch sind folgende Punkte zu beachten:

- indirekte Werbung erfolgt über Massenmedien,
- direkte Werbung über den unmittelbaren Kontakt, den Dialog, über Gespräche, persönliche Briefe, Internet etc.

Text und Gestaltung:
Text und Grafik basieren auf einer sauber definierten Copy-Strategie. Oft ist es notwendig, eine Werbeagentur mit Texter:innen, Grafiker:innen für

die Betreuung des gesamten Werbekonzepts und der Umsetzung einzuschalten. Hier wird es wichtig, eine klare Aufgabenstellung, ein Briefing zu erstellen. Ein solches Briefing beinhaltet:

- *Marketing- und Werbeziele*
  - Beschreibung der Eigenschaften des Produkts, des Projekts oder der Leistung
  - Erfahrungen mit durchgeführten Marketing-, Kommunikations- und Werbeaktivitäten
- *Definition der Werbezielgruppe*
  - zentrale Kernaussagen, die Werbebotschaft
  - Grundlagen der Corporate Identity und des Corporate Design
  - branchenübliche Werbegepflogenheiten (besonders wichtig bei sozialen und religiösen Organisationen)
- *bereitgestelltes Werbeetat*
- *Zeitplan*
- *Ansprechpersonen, Entscheidungsträger, Kooperationspartner im Unternehmen*

Nach Rudolf Seyffert ist in der Werbeplanung zwischen drei Arten von Werbeplänen zu unterscheiden: dem Generalplan, dem Streuplan und dem Periodenplan (vgl. *Heuer*, 1968, S. 154). Letzterer stellt die praktische Anwendung des Generalplans dar und wird als Werbeetat in der Regel für ein Jahr aufgestellt.

> »Unter dem Periodenplan ist der für eine Werbeperiode – normalerweise ein Geschäftsjahr – aufgestellte Voranschlag zu verstehen, in dem die einzusetzenden Werbemittel, der Zeitpunkt ihres Einsatzes und die dadurch entstehenden Kosten enthalten sind« (*Seyffert*, 1952, S. 196).

12 Public Relations – PR

Für eine Organisation ist es wichtig, eine gute Öffentlichkeitswirkung zu besitzen oder zu erlangen und insbesondere für gute Beziehungen zu den Anspruchsgruppen, den Stakeholdern zu sorgen. Öffentlichkeitsarbeit grenzt sich zu den weiteren Kommunikationsinstrumenten der Kommunikationspolitik insbesondere durch die Öffentlichkeit als Zielgruppe ab (vgl. *Walsh*, 2020).

> »Der Begriff Öffentlichkeitsarbeit bzw. Public Relations (PR) kennzeichnet die planmäßig zu gestaltende Beziehung zwischen dem Unternehmen und den verschiedenen Anspruchsgruppen (z. B. Kunden, Aktionäre, Lieferanten, Arbeitnehmer, Institutionen, Staat) mit dem Ziel, bei diesen Anspruchsgruppen Vertrauen zu gewinnen bzw. zu erhalten«. (*Meffert et al.*, 2024, S. 694)

So kann Öffentlichkeitsarbeit auch bezeichnet werden als ein gezielt geplantes und langfristiges Engagement, das darauf abzielt, gegenseitiges Verständnis und Vertrauen in der Öffentlichkeit zu fördern und aufrechtzuerhalten. Der Begriff »Öffentlichkeitsarbeit« kann aufgefasst werden als die deutsche Übersetzung für »Public Relations« und beinhaltet drei zentrale Aspekte: die Arbeit in der Öffentlichkeit, die Arbeit für die Öffentlichkeit und die Arbeit mit der Öffentlichkeit (vgl. *Oeckl*, 1994).

Das bedeutet, dass Informationen über alle relevanten Öffentlichkeiten in der Gesellschaft und deren wesentlichen Ereignisse für die Organisation wichtig sind, um ihre Öffentlichkeitsarbeit nach innen und außen zu planen.

Das Ziel ist ein hoher Grad an Offenheit und Glaubwürdigkeit in den Öffentlichkeiten und Teilöffentlichkeiten, die den Organisationserfolg direkt oder indirekt beeinflussen können (vgl. *Walsh*, 2020).

Als *Kernbereiche für Public Relations* können Kommunikation (*Durchführung*), Redaktion (*technische Vorbereitung*), Kreation (*konzeptionelle Vorbereitung*) und Management (*Planung im größeren Rahmen*) sowie als *Kernkompetenzen* Analysekompetenz, Mitteilungskompetenz (*textliche Vorbereitung*), Vermittlungskompetenz (*Präsentation*) und Managementkompetenz, kreative Kompetenz sowie Führungskompetenz gelten.

Das heißt aber auch, dass sich Öffentlichkeitsarbeit als gesellschaftlich verantwortliches, politisch, wirtschaftlich und moralisch vertretbares kommunikatives Handeln eines Unternehmens definiert, um in der öffentlichen Meinung Verständnis und Vertrauen zu schaffen. Das gilt für große Unternehmen und Organisationen wie für kleine. Bei kleinen Unternehmen, die Teil einer überschaubaren Öffentlichkeit sind, ist der Interaktionsprozess zwischen Unternehmen und Öffentlichkeit sogar schneller und wirksamer. Ein an einem Stammtisch (Teilöffentlichkeit) gefälltes Urteil über den schlechten Service einer Altentagesstätte kann sich direkt in den Belegungszahlen niederschlagen.

Schlechte Unternehmensführungen werden in kleinen Öffentlichkeiten sehr genau beobachtet, gewertet und führen über ein schlechtes Image zu konkreten Verweigerungshandlungen der realen oder potenziellen Kund:innen.

PR hat das Ziel, die Organisationen oder das Unternehmen an die unmittelbare Umwelt anzupassen oder die Umwelt so zu verändern, dass die eigenen Organisationsziele (Gewinn oder langfristige Marktsicherung) erreicht werden können.

PR-Maßnahmen orientieren sich dabei am Modell (wechselseitiger) *Zweiweg-Kommunikation*. Public Relations bedient sich stets verschiedener Multiplikator:innen. Insbesondere Journalist:innen sind Multiplikator:innen für die Öffentlichkeitsarbeit von Organisationen. Eine gute Pressearbeit kann sicherstellen, dass die Multiplikator:innen im Sinne der kommunikationstreibenden Organisation die Botschaften in und an die Öffentlichkeit bringen und nicht im Sinne des persönlichen journalistischen Interesses.

Die Aufgaben der Öffentlichkeitsarbeit nach innen und außen lassen sich nach Meffert (vgl. *Meffert et al.*, 2024) in sieben Punkten festhalten:

1. *Informationsfunktion:* Öffentlichkeitsarbeit will durch sachliche, ehrliche Informationen den Bekanntheitsgrad erhöhen, langfristig Vertrauen erwerben und sichern.
2. *Kontaktfunktion:* Öffentlichkeitsarbeit will den Aufbau und die Aufrechterhaltung von Verbindungen zu allen für das Unternehmen relevanten Lebensbereichen halten und so die Öffentlichkeit für die Interessen des Unternehmens mobilisieren.
3. *Imagefunktion:* Öffentlichkeitsarbeit will die Tätigkeiten und Handlungsabsichten der Unternehmung deutlich und transparent machen und ein positives Image schaffen.
4. *Absatzförderungsfunktion:* Öffentlichkeitsarbeit will durch Anerkennung und Vertrauen den Absatz steigern.
5. *Sozialfunktion:* Öffentlichkeitsarbeit verdeutlicht die gesellschaftlichen und sozialbezogenen Organisationsleistungen.
6. *Balancefunktion:* Öffentlichkeitsarbeit stellt ein »Anreiz-Beitrags-Gleichgewicht« unterschiedlicher organisationsrelevanter Stakeholder dar.
7. *Stabilisierungsfunktion:* Öffentlichkeitsarbeit sorgt vor für den Krisenfall, indem die Krisenfestigkeit der Organisation durch die aufgebauten, stabilen Beziehungen zu den Stakeholdern gestärkt wird.

> Es gibt unzählige Begriffserklärungen der PR (Öffentlichkeitsarbeit). Wir können hier festhalten: Public Relations ist die gezielte Pflege der Beziehungen zu Multiplikator:innen, um öffentliches Vertrauen zu gewinnen.

13 Verkaufsförderung

Verkaufsförderung (Vkf), auch Sales Promotion genannt, bezeichnet Aktionen, die kurz und unmittelbar starke Anreize zum Kauf (oder zur Spende) oder Verkauf eines Produkts bzw. einer Dienstleistung geben sollen. Nach Meffert ist Verkaufsförderung

> »die Analyse, Planung, Durchführung und Kontrolle zeitlich befristeter Maßnahmen mit Aktionscharakter zu verstehen. Sie werden eingesetzt, um auf nachgelagerten Vertriebsstufen (Verkaufspersonal, Handel, Nachfrager) durch zusätzliche Anreize die Kommunikations- und Vertriebsziele eines Unternehmens zu erreichen« (*Meffert et al.*, 2024, S. 697).

Eine kommunikative Beeinflussung von Verbraucher:innen, Kund:innen, Klient:innen und Spender:innen sowie der Einsatz von Absatzmitteln erfordert kreative Verkaufsförderungsmaßnahmen.

Die Aufgabe der Vkf besteht darin, den Warenfluss, die Dienstleistung oder die Projekte vom Anbieter bis zu den letzten Verbraucher:innen, Spender:innen oder Nutzer:innen durch Zusatzleistungen (z. B. Werbegeschenke, Preisausschreiben etc.) zu fördern. Dabei wird unterschieden nach verkaufspersonalorientierten, handelsgerichteten und nachfrageorientierten Zielsetzungen der Vkf (vgl. *Meffert et al.*, 2024).

Als verkaufsfördernde Maßnahmen können u. a. gelten:

- Schulungsmaßnahmen von Personen mit Außenkontakt, die das Ziel haben, den Verkauf der Leistungen zu verbessern. Das gilt besonders für Verkäufer:innen und Personen in Call-Centern der Unternehmen.
- Gezielte Informationsvermittlung über die Leistungen des Unternehmens oder der Organisation, die den Verkaufsprozess am Ort des Ver-

kaufes unterstützen. Das gilt besonders für die Schärfung der Fachkompetenz der Verkäufer:innen am Ort des Verkaufs (*point of sale*). Orte des Verkaufes können z. B. »Tage der offenen Tür« sein.
- Angebot finanzieller Anreize (Preisnachlässe, Rabatte, Gewinnspiele etc.) für die Kund:innen oder andere Maßnahmen, die die Verkaufsanstrengungen und Motivation der Verkäufer:innen des Außendienstes (Umsatzbeteiligung) am Ort des Verkaufs, erhöhen.

Triebfeder des Außendienstes, der Kontaktpersonen mit z. B. Behörden, Politik, etc. ist die gezielte Motivation. Die Stimulanz von Außendienstmitarbeitenden im Rahmen der Verkaufsförderung bedient sich einiger Instrumente:

- der Veranstaltung von Außendienstwettbewerben,
- der Veranstaltung von Incentive-Aktionen (Prämien und besondere Entlohnungssysteme),
- der Aus- und Fortbildung der Außendienstmitarbeitenden, fachlich, kommunikativ, verkäuferisch,
- der Gestaltung von Verkaufsunterlagen (Salesfolder), Beispielen, Modellen, Displaystücken, Präsentation von kampagnenbegleitenden Kommunikationsmaßnahmen, Prospekten, Hintergrundmaterialien etc.,
- der Bereitstellung eines Verkaufshandbuches mit Argumentationsmustern,
- des Telefonverkaufs, Telefontrainings als verkaufsfördernde Maßnahme,
- der Konferenzen der Vertriebsleitungen/-mittler,
- der Veranstaltungen von Sonderschauen, Ausstellungen, »Haus der offenen Tür«, Werks- und Firmenbesichtigungen. (vgl. *Geyer et al.*, 2023).

14 Direktmarketing (Response-Kommunikation)

Der Einsatz klassischer Instrumente des Kommunikationsmix scheitert immer öfter am von Konsument:innen erlebtem Informationsüberfluss. Die Konsequenz des Kommunikationswettbewerbs ist die Schere zwischen Aufwendungen und Wirkungen für klassische Kommunikation. Effektivität und Effizienz werden daher zum zentralen Problem der Kommunikationspolitik. Als Lösung wird empfunden, dass Media-Splits in Richtung direkter Kommunikationsformen – Dialog – auszurichten sind. Eine starke Gewichtung auf individualisierten Inhalt und Interaktivität gibt vor allem den Instrumenten des Direktmarketings einen höheren Wirkungsgrad. Interaktive Medien, insbesondere das Internet, spielen dabei heute eine bedeutende Rolle.

Eine auf Direktmarketing ausgerichtete Kommunikationspolitik hat eine Verbesserung der Marketingeffizienz durch geringere Streuverluste zum Ziel. Dabei sollen eine erhöhte Wirkung und verbesserte Zurechenbarkeit im Vergleich zur traditionellen Massenkommunikation erreicht werden. Die direkte Kommunikation, die Individualisierbarkeit und die hohe Flexibilität und Skalierbarkeit machen Direktmarketing vor allem für kleine und mittelgroße Unternehmen und Organisationen mit geringeren finanziellen Mitteln interessant. Über personalisierte Dialoge lassen sich große Mengen von Informationen über einzelne Kund:innen sammeln und in einer Datenbank speichern.

»Der Einsatz des Direktmarketing ermöglicht dabei nicht nur eine verbesserte Ansprache potenzieller Neukunden, sondern eignet sich gleichzeitig auch zur Gewinnung von Neukunden. Durch die Verbindung innovativer technologischer Systeme mit der grundsätzlichen Orientierung an langfristigen Kundenbeziehungen wird nicht nur der Weg für ein erfolgreicheres Relationship-Marketing bereitet, auch scheint die Umsetzung des oft propagierten ›1-to-1-

Marketing‹ bzw. »Individualmarketing« mittlerweile realisierbar.« (*Meffert*, 2003, o. S.)

Direktmarketing oder *Dialog-Marketing* ist ein Sammelbegriff innerhalb der Marktkommunikation des Marketings für alle Marketingaktivitäten, bei denen Medien und Kommunikationstechniken mit der Absicht eingesetzt werden, eine interaktive Beziehung zu den Zielpersonen herzustellen. Durch eine persönliche Ansprache werden mögliche Kund:innen aufgefordert, eine Antwort zu geben (Feedback). Ziel ist es, eine individuelle, messbare Reaktion zu erhalten.

Ein Instrument des Direktmarketings ist die *Direktwerbung, Responsewerbung*. Direktwerbung wendet sich mit adressierten Werbebotschaften direkt an ausgewählte Empfänger:innen. Ziel ist das Auslösen einer unmittelbaren Reaktion (Response), Basis ist eine aktuelle und gepflegte Adressendatei (Database). Zur Direktwerbung gehören auch Gameshows im Fernsehen, die zur unmittelbaren Rückantwort (Anruf, Probebestellung oder Kauf) aufrufen, Telefon oder Internet mit Rückantwort-Aufforderungen, Response (Rücklaufkontrolle).

Direktwerbung richtet sich an Einzelpersonen, Unternehmen oder bestimmte Empfänger:innengruppen. Integriert in die Kommunikationsinstrumente der Werbung und der Verkaufsförderung kann Direktwerbung über Mailing (Briefsendungen) auch als Einzelumwerbung von potenziellen Zielgruppen durch gedrucktes Werbematerial (Werbebrief, Prospekte, Broschüren, Offerten, Preislisten, Flugblätter, Werbekarten, Kataloge, Probepackungen und Werbegeschenke) verstanden werden.

Die *Kommunikationsmittel Brief und Prospekt* (Flyer) erreicht die Zielperson über die Post oder durch Verteilerorganisationen oder direkt wie bei Verkaufsveranstaltungen (Messen, Ausstellungen, Vortragsveranstaltungen), wo Kommunikationsmittel ausgelegt werden. Immer ist das Feedback, die Rückantwort, wichtiger Bestandteil der Response-Kommunikation.

Mailing ist ein Begriff aus der Direktwerbung und bezeichnet personalisierte oder entpersonalisierte Werbebotschaften (Postversand oder Hauswurfsendung) in Prospekt- oder Briefform, mit oder ohne Response

(Rücklaufkontrolle). Häufigste Zusammensetzung: Werbebrief, Prospekt, Antworthilfe, Versandumschlag.

Werbebriefe (Mailings) sind Kommunikationsmittel, die im Rahmen einer Direktmarketing-Kampagne eingesetzt werden. Werbebriefe müssen immer in die Gesamtkonzeption der Unternehmung eingebettet sein. Werbebriefe sind eine »Äußerung« im Sinne der Corporate Communication und der Corporate Identity.

Werbebriefe – Mailings – sollen Interaktion und Dialog auslösen. Immer gilt die selektive Wahrnehmung der Empfänger:innen: *»Habe ich ein hohes Informationsbedürfnis (Involvement), schaue ich das Mailing an, wenn nicht, werfe ich es ungelesen weg.«*

Das *Database-Marketing* ist eine Ausprägung des »Computergestützten« Marketing. Dabei müssen alle erforderlichen Daten aktueller und potenzieller Kund:innen gespeichert (Datenbank, Data Warehouse), aktualisiert und für die direkte Kund:innenansprache (Computer Aided Selling, Mailing, Telefon u. a.) bereitgestellt werden. Dieses Vorgehen ermöglicht eine individualisierte Kund:innenansprache und -beziehung (Customer Relationship Marketing). Zu erwarten sind hier revolutionierte Techniken der Datenspeicherung, Analyse und Nutzung von Systemen der Künstlichen Intelligenz (KI). Im Sinne der Response-Kommunikation ist Permissionsmarketing (▶ Kap. 7.2) Direktmarketing.

Formen des Direktmarketings nach Siegfried Vögele (2003):

- persönlicher Kontakt
- Anruf bei Kund:innen (Outbound Call, Permission)
- Anrufe von Kund:innen (Inbound Call)
- Messen und Ausstellungen
- Informationsveranstaltungen
- Events, Kund:innenveranstaltungen
- Besuch des Außendienstes

Adressierte Ansprache über Medien:

- adressierte Mailings
- Prospekte als Mailing-Beilage

- Katalog als Mailing-Beilage
- Kundenmagazin
- E-Mail (nur als Permission)
- E-Newsletter (nur als Permission)
- SMS (Short Message Service, nur als Permission)

Gestreute Zielgruppenansprache über Medien mit Responseanteil:

- Plakat und Außenwerbung mit Responsemöglichkeiten
- Zeitungsanzeigen (Coupon)
- Zeitungsbeilagen (Coupon)
- unadressierte und teiladressierte Mailings
- Direkt-Response-Radio
- Direkt-Response-Fernsehen
- interaktives Fernsehen
- Internet-Werbung (Banner, Pop-up u. a.), Internet-Auftritt

Einsatzmöglichkeiten des Direktmarketings sind häufig:

- Kundeninformation zu Produktneuheiten
- Aktivierung von Altkund:innen
- Kundenrückgewinnung
- Telefonverkauf
- Terminvereinbarung für den Außendienst

15 Interne Kommunikation

Interne Kommunikation sichert den Erfolg der externen Kommunikation und ist davon abhängig, wie die Identität des Unternehmens bei den Mitarbeitenden aller Ebenen verankert ist. Nach außen gerichtete Prozesse der Marketingkommunikation zielen auf »Absatz« und Kund:innen- oder Spender:innenzufriedenheit und somit auf Effizienz, auch im Sinne des Return on Investment (ROI). Nach innen gerichtete Kommunikation richtet sich in erster Linie nach Mitarbeiterzufriedenheit und Leistungsbereitschaft im Sinne der Steigerung der Effizienz des betrieblichen Leistungsprozesses. Effiziente Lösungen haben immer das ökonomische Prinzip als Basis und somit Kostensenkung sowie Qualitätssicherung im Blick. Letzteres ist nur mit engagierten und motivierten Mitarbeitenden möglich.

15.1 Neun Thesen zur internen Kommunikation im Marketing

Erste These
Interne Kommunikation hilft, Mitarbeitende zu begeistern. Begeisterte Mitarbeitende übernehmen Verantwortung, denken mit und setzen ihre Fachkompetenz lösungsorientiert ein. Dennoch machen Führungskräfte den Einwand geltend: »*Keine Zeit, kein Geld, kein Personal für Interne Kommunikation.*«

Die Folge: Interne Kommunikation in Unternehmen wird zum Stiefkind des internen Marketings. Die Mitarbeitenden sind ohne Begeisterung, orientierungslos, demotiviert. So sind innere Kündigungen prägend für eine schlechte Unternehmenskultur.

Zweite These
Die Werte und Einstellungen der Mitarbeitenden in einer Organisation werden oft von Flurfunk, Gerüchten und Tratsch definiert. Die Mitarbeitenden empfinden, dass ihre kreativen Potenziale, ihre Beteiligungen an Entscheidungsprozessen nicht gefragt sind.
Ihre Reaktion: Leistungszurückhaltung. »*Für den Laden mach ich mich doch nicht krumm!*«

Dritte These
Die seelische Gesundheit der Mitarbeitenden definiert das Betriebsklima. Das Betriebsklima fördert oder hemmt die produktiven Kräfte wie Kreativität, Leistungs-, Lern- und Kooperationsbereitschaft. Doch über ein schlechtes Betriebsklima wird gern geschwiegen.

Vierte These
Eine soziale Organisation basiert auf Leitbildern und Visionen. Interne Kommunikation muss helfen, Identifikation und Orientierung zu vermitteln.

Fünfte These
Eine Loyalität der Mitarbeitenden gegenüber den Zielen der Organisation kann durch die drei Aufgaben der internen Kommunikation – »Informieren«, »Motivieren« und »Führen« – gestaltet werden:

- Informieren z. B. über Ziele, Strategien, Leistungspakete, Kommunikationsinitiativen oder -kampagnen.
- Motivieren z. B. durch Wertschätzung der Mitarbeitenden; Fördern einer emotionalen Bindung der Mitarbeitenden zum Unternehmen; Leben in einer Lobkultur.
- Führen z. B. durch Wertevermittlung, Orientierungen und Glaubwürdigkeit schaffen; eine sachliche Zielkontrolle.

15.1 Neun Thesen zur internen Kommunikation im Marketing

Allein die drei Ziele der internen Kommunikation werden in vielen Organisationen und Unternehmen durch Inkompetenz der Führenden unzureichend definiert und realisiert.

Sechste These
Als immer wieder gelobtes Medium der internen Kommunikation wird ein Newsletter, die Mitarbeiterzeitung, genannt. Das Blatt ist ein Printmedium und wird oft nicht lesefreundlich gestaltet, nur selektiv gelesen. Das Kommunikationsmedium im Unternehmen, das Intranet, ermöglicht einen offenen Dialog zwischen Management und Mitarbeitenden. Schnell und interaktiv kann es Hierarchie überspringend ein praktisches Austauschmedium sein.

Die Gefahr liegt allerdings in der Informationsüberflutung; ergänzt um E-Mails können Mitarbeitende oftmals Wichtiges von Unwichtigem nicht mehr trennen.

Siebte These
Häufig leiden Mitarbeitende, wenn die Organisation eine unklare Zukunft und keine erkennbare Perspektive aufweist. Die Mitarbeitenden durchschauen die komplexen Entwicklungsprozesse im Marktgeschehen, die Reaktion des Unternehmens, die komplexen Leistungs- und Produktangebote nicht mehr. Ihnen fehlt das schlüssige Gesamtbild, das ihnen den Sinn und die Legitimation für ihre Eigenleistung vermittelt.

Achte These
Die kommunikative Kompetenz von Führungskräften basiert auf den Fähigkeiten Zuhören, Wahrnehmen, Verstehen, Aufnehmen, zum Dialog Motivieren, Ziele Diskutieren und Vorgeben, zur Leistung Stimulieren und Kontrollieren. Der Theorie steht allerdings die Praxis gegenüber: Viele Führungskräfte klagen über Zeitmangel. Sie wissen zu wenig über die Kompetenzen ihrer Mitarbeitenden. In den vielen Meetings vergessen sie die Tugenden der kommunikativen Kompetenz und verfallen in autoritäre Führungsstile. Hinzu kommt die Angst, in den radikalen, neoliberalen Marktgeschehen zu versagen oder gar eigenes Wissen preiszugeben. Informationen preisgeben erleben sie als Machtverlust und unzumutbare Stärkung der Mitarbeitenden.

Die Folge ist die allgemeine Klage der Führungskräfte über ihre Einsamkeit an der Spitze.

Neunte These
Neurobiologische Erkenntnisse belegen eindeutig, dass nicht wie angenommen das darwinistische Prinzip des Kampfes Jeder gegen Jeden mit dem Ziel, Sieger zu werden, als Prinzip menschlichen Daseins gilt, sondern das Prinzip der Bindung, Kooperation und Resonanz. Dabei sind Wertschätzung, Zuneigung und Anerkennung Grundprinzipien menschlicher Bedürfnisse und Motivation.

Wenn diese Erkenntnisse in den Führungsetagen aufgenommen würden, wäre Mitarbeitermotivation und Mitarbeiterbindung ein wichtiges Ziel des internen Marketings. Es gilt, die Potenziale der Mitarbeitenden zu fördern und zu entdecken. Das wäre Innovation-Marketing intern.

15.2 Kommunikationsinhalte

Verwendung von Text oder Bild?
Die Gestaltung der Werbemittel und die Form der Ansprache sind seit langem Gegenstand der Werbeforschung. Seit Aristoteles werden drei Anspracheformen in der Rhetorik unterschieden:

- *Ethos:* Appelle an das Gewissen, an die Moral: »*Schenkst Du Deinen Gästen die richtige Kaffeemarke ein?*«, »*Fühlst Du Dich nicht auch verantwortlich für die armen Flüchtlinge aus Syrien?*«
- *Pathos:* Appelle an das Gefühl: »*Das Wohlfühl-Aroma*«, »*... macht Dich stark!*« oder »*Das zeigt Deinen wahren Glauben!*«
- *Logos:* Rationale Argumente, Versprechen: »*xy hat die Megaperls mit der porentiefen Waschkraft!*« oder »*Unsere Spenden kommen da hin, wo sie gebraucht werden!*«
(vgl. *Merten*, 2015)

Blickaufzeichnungsgeräte sind seit langem den Empfänger:innen von Werbebotschaften und den Leser:innen auf der Spur. Was wird gelesen, was übersprungen? Bilder übermitteln ganzheitliche Botschaften und sagen glaubwürdiger als Texte schnell das Wichtigste. Neuromarketing versucht, mit Untersuchungen mittels elektronischer Resonanz-Tomographie, Magnetresonanztomografie (MRT) schon lange in das Gehirn zu schauen, um festzustellen, wann es bei welcher Botschaft wo »flackert«, d. h. wo ein Erregungsmuster festzustellen ist.

Dabei gelten folgende Erkenntnisse:

- Reale Objekte werden besser erinnert als Bilder.
- Bilder werden besser erinnert als konkrete Worte.
- Konkrete Worte werden besser erinnert als abstrakte Worte.
- Kurze Sätze werden leichter gelesen und erinnert als lange Sätze.
- Fließtext möglichst kurzhalten und in »Lesehappen« gliedern.
- Headlines, Überschriften, die kontrastreich und prägnant gestaltet werden, reizen zum Lesen (siehe BILD-Zeitungs-Überschriften) (vgl. auch *Vögele*, 2003).

Die Hirnforschung hat seit langem erkannt: Die beiden Hirnhälften verarbeiten Informationen unterschiedlich und wirken doch zusammen. Der Neuropsychologe Dr. W. Sperry bekam 1981 für seine Erkenntnisse zur Splitbrain-Theorie den Nobelpreis für Medizin.

> »Jede Gehirnhälfte ... besitzt ihre ... eigenen Empfindungen, Wahrnehmungen, Gedanken und Vorstellungen, die alle von den entsprechenden Erfahrungen in der gegenüberliegenden Hemisphäre abgeschnitten sind. Die linke und die rechte Hirnhälfte haben jeweils ihre eigene, individuelle Kette von Erinnerungen und Lernerfahrungen, auf die die andere Hemisphäre nicht zurückgreifen kann. Jede getrennte Hirnhälfte scheint in vieler Hinsicht einen ›eigenen Geist‹ zu haben« (*Sperry*, 1974, zit. nach Deutscher Bundestag, 2008, S. 16).

Neue Erkenntnisse der Neurobiologie wissen allerdings, dass das plastische Gehirn sich beider Hirnhälften bedient, um Wahrgenommenes zu verarbeiten. Es ist erwiesen, dass die beiden Hirn-Hemisphären stärker zusammenarbeiten als bisher angenommen. Nach grober Vereinfachung beherbergt die linke Hirnhälfte das Sprachzentrum, denkt logisch-analytisch; die rechte Hirnhälfte ist sprachlos, denkt in Bildern, Figuren, Konzepten und ist kreativ. Näher beachtet ist die Funktion des limbischen Systems, des ältesten Teils des menschlichen Gehirns. Ein Teil unserer Erfahrungen, Erinnerungen und Gefühle, Angst- und Belohnungsareale haben hier ihren Platz. Hier werden die Reize der werblichen Botschaften gewertet und mit tiefen Erfahrungen verglichen. Die bewussten Hirnaktivitäten spielen sich in der Großhirnrinde ab (vgl. *Häusel*, 2014).

Marken bilden im Kopf der Konsument:innen das Image über Unternehmen, Organisationen, deren Dienstleistungen und Produkte (vgl. Lies, 2015a). Die einzelnen Elemente der Gestaltung einer Marke werden als »Markenelemente« bezeichnet, dazu gehören neben vielen anderen insbesondere die Wort-/Bildmarke; Logos, Claims und Slogans (vgl. *Bauer & Jestaedt*, 2024).

Gute Texte und Slogans sollen nicht nur verkaufen. Sie sind imagebildend und letztlich auch Kulturträger. Die Werbung zeigt sich durch Bilder und Texte, Sprüche, Slogans und Logos. Texte wollen das Produkt, das Projekt, die Leistung und das Unternehmen im Kopf der Konsument:innen, Spender:innen, Klient:innen oder Nutzer:innen verankern.

Gute Slogans gehen in den täglichen Sprachgebrauch ein; sie sind ein Zeichen der Alltagslyrik der Marktgesellschaft. Dabei ist es wichtig, zwischen Slogan und Claim zu unterscheiden. Claim und Slogan sind beides kurze, eingängige Statements zum Zweck der Erinnerungsfähigkeit einer Marke. Der große Unterschied besteht darin, dass der klassische *Claim* in der Regel mit ins Logo aufgenommen wird und oft die Kern-Philosophie des Unternehmens vermittelt. Er bleibt langfristig bestehen. Dabei ist er unabhängig von einzelnen Produkten oder aktuellen Entwicklungen der Marke selbst.

Beispiele für Claims:

> *McDonalds:* »Ich liebe es«
> *Edeka:* »Wir lieben Lebensmittel«
> *Haribo:* »Haribo macht Kinder froh und Erwachsene ebenso.«

Der *Slogan* einer Werbekampagne ist das, was oft im Gedächtnis der Verbraucher:innen, Spender:innen haften bleibt. Wissenschaftlich gesehen ist ein Slogan eine durch Massenkommunikation verbreitete und

künstlich geschaffene, emotionsgeladene Assoziationsformel, die im Bewusstsein der Empfänger:innen verankert sein soll. Ein Slogan muss kurz, einfach, leicht verständlich, flüssig und unverwechselbar sein. Werbeslogans sind Werbesprüche, die sich je nach Kampagne verändern können. Sie beziehen sich entweder auf einzelne Produkte oder die Marke an sich. Dabei sind sie eher von mittelfristiger Relevanz. Heißt konkret: Ein Slogan wird für ein einzelnes Produkt oder das aktuelle Sortiment verwendet – und das über einen längeren Zeitraum immer wieder. Die langfristigere Verwendung grenzt den Slogan auch von der Headline ab, denn die wird meist nur einmalig eingesetzt. Ziel des Werbeslogans ist es, die Marke mit einem Wert zu verbinden – und das mit wenigen Worten, die im Gedächtnis bleiben (vgl. Fachakademie KI&Text, 2024).
Bekannte Beispiele für Slogans sind:

Frosta: »Frosta ist für alle da«
Ritter Sport: »Quadratisch. Praktisch. Gut.«
IKEA: »Wohnst du noch oder lebst du schon?«

Gute Slogans und Texte sind einfach, simpel, leicht merkbar. Und die besten werden gar gesungen.

Beispiel Textstrategien: Werbetexte erzählen Geschichten, produzieren Slogans. Die Kreativen bestimmen gemeinsam mit den Grafiker:innen das Logo, definieren Claims, die zum Wortgut der Menschen gehören.

Sieben Punkte, die ein:e Texter:in beachten muss:

1. Sag es einfach!
2. Sag es anders als die anderen!
3. Der Text muss von der Zielgruppe gern gelesen werden!
4. Jede Aussage, jeder Text, jedes Wort muss begründet werden!
5. Jedem Text geht ein klares Briefing voraus!
6. Bei schlechtem Briefing ist ein Re-Briefing notwendig!
7. »*Schau dem Volk auf's Maul und schreib' Texte, wie du sprichst!*«

16 Zielgruppen, Kund:innentypen und Lebensstiltypen

Ein wesentlicher Faktor des erfolgreichen Marketings sind die zielgruppenspezifische Produkt-, Projekt- und Leistungsgestaltung und die zielgruppengerechte Ansprache über die einzelnen Kommunikations-Mix-Faktoren. Das setzt eine möglichst zuverlässige *Zielgruppensegmentierung* voraus.

Die moderne Gesellschaft als *fragmentierte Gesellschaft* zeigt sich im Auseinanderdriften der Lebenswelten, -stile und -szenen. Nach dem Ende der Gesellschaftsentwürfe, ob kapitalistischer oder sozialistischer Prägung, erscheint die *Multi-Optionalität* als die einzige Gewissheit, die sich als neoliberales Konzept einer Gesellschaft bietet. Die Gesellschaft zerfällt entsprechend in Subsysteme, die in sich geschlossen sind und selbstreferenziell agieren. Der gesellschaftliche Wandel macht es Marketingentscheidenden immer schwerer, eindeutige Zielgruppen zu definieren. Die zunehmende Virtualisierung und Globalisierung prägen die Lebenswelten in Deutschland, Europa und der Welt. Zu beobachten ist die Wertewandlungsdynamik von der Grundorientierung »Bewahren« über die materielle Grundorientierung des »Habens« bis zur Grundorientierung des »Genießens« und dem Postmaterialismus des »Haben, Sein und Genießen«.

Grob wurde oben schon von Trends und Wertewandel berichtet. Soziale Gruppen sind nicht mehr eindeutig bestimmten Kommunikations-, Verhaltens- und Lebensstilen zuzuordnen. Vielmehr begegnet den Marketingplanenden ein Patchwork an Lebensstilen. Zum Beispiel: hinsichtlich einer ökologischen Orientierung könnte eine gewählte soziologische Gruppe in einer urbanen oder ländlichen Lebenswelt in ihrem Verhalten und zu den Themen Mobilität, Wohnen oder Ernährung unterschiedliche Haltungen zeigen.

Neun Zehntel aller Marketingmaßnahmen verhallen ohne gewünschte erfolgreiche Echos. Die permanente Überinformation der Menschen in den Industrienationen fördert die individuelle Abwehr gegen unspezifische Nachrichten. Die Steigerung der Nachrichten unter dem Primat des »immer höher, weiter, schneller, besser, frischer« erreicht eine kaum noch glaubwürdige Grenze.

Eine Segmentierung der Zielgruppen kann somit auch nicht eindeutig und endgültig erfolgen, sondern muss sich auf jeweils andere Segmentierungsvorgaben konzentrieren. Während in der Vergangenheit Klassen und Schichtenmodelle eine Durchdringung der Gesellschaft versprachen, sind heute mehrdimensionale Modelle gefragt.

Die hier vorgestellten *Zielgruppensegmentierungen* konzentrieren sich auf Lebensphasen, Lebensstile oder Lebenstypen, die unabhängig von der sozialen Zuordnung etwa gleiche Verhaltensmuster aufzeigen. Die moderne Lebensstilforschung versucht, die Bevölkerung nicht nur nach objektiven Kriterien zu selektieren. Insbesondere sind psychologische Faktoren wie Motive des Verhaltens, Einstellungen und Wünsche in ein Betrachtungsfeld aufgenommen. Lebensstilforschungen können so Differenzierungen und Pluralisierungen der Gesellschaft aufzeigen.

Für die Marketingplanenden ist die bekannteste Studie die des SINUS-Instituts, welche seit Anfang der 1980er Jahre den Wertewandel und die Lebenswelten der Menschen erforscht. Die dort vorgestellten und ständig aktualisierten *SINUS-Milieus* üben einen großen Einfluss auf die Zielgruppensegmentierung aus (https://www.sinus-institut.de/sinus-milieus).

Untersucht werden die Lebensauffassungen, die Wertorientierungen, Lebensziele, Stilisierungen und die Lebensweisen. Ähnliche Merkmalsausprägungen werden zu Milieutypen zusammengefasst.

Die Sinus-Milieus werden heute als Beispiel eines passenden soziokulturellen Modells eingesetzt und bieten den Marketingplanenden ein leistungsfähiges, praxisnahes und bewährtes Planungsinstrument. Mit der Integration der Sinus-Milieus in fast alle wichtigen Markt-Media-Studien sowie in das AGF/GfK-Fernsehpanel sind optimierte Mediaauswertungen und -planungen nach Sinus-Milieus möglich. Die Sinus Meta-Milieus ermöglichen eine Klassifizierung von Zielgruppen auf der Basis ihrer Einstellungen, Lebensauffassungen und Lebensweisen. Diese Zielgruppenbestimmung orientiert sich an der Lebensweltanalyse in den Gesellschaften der jeweiligen Länder. Die Sinus Meta-Milieus gruppieren Menschen, die sich in ihrer Lebensauffassung und Lebensweise ähneln, wobei grundlegende Wertorientierungen dabei ebenso in die Analyse eingehen wie Alltagseinstellungen zur Arbeit, zur Familie, zur Freizeit, zu Geld und zu Konsum (vgl. Sinus Institut, o.J.; anklickbare Karte mit Kurzbeschreibungen: https://www.sinus-institut.de/sinus-milieus/sinus-milieus-deutschland). Damit rücken sie den Menschen und das gesamte Bezugssystem seiner Lebenswelt ganzheitlich ins Blickfeld und ermöglichen eine validere Klassifizierung als es herkömmliche soziodemographische Ansätze leisten.

17 Mediaplanung

Mediaplanung hat nach Schweiger die Aufgabe, »die Werbeträger (Mediengattungen, -segmente, Mediagruppen, Einzelmedien) mit der gewünschten Anzahl an Einschaltungen in gewünschtem Umfeld zum gewünschten Zeitpunkt einzusetzen« (*Schweiger & Schrattenecker*, 2021).

Die Massenmedien sind Kommunikationsmittel (im journalistischen Sinne) und Werbeträger (im Sinne der Werbetreibenden, Wirtschaft). Massenmedien sind alle Einrichtungen, die bei der Massenkommunikation zur Vermittlung oder Übertragung von Aussagen an ein disperses, also unbekanntes, Publikum als Mittel der Kollektiv-Verbreitung eingesetzt werden. Werbemittel sind z. B. Anzeigen, Offerten, Werbebriefe, Displays, Schaufenster, Rundfunk- und Fernsehwerbung, Internet-Banner bzw. Pop-Ups im Internet.

Medien
Werbung und PR bedienten sich der Medien, um ihre Kommunikationsmittel zu den relevanten Zielgruppen transportieren zu können. Als Medien sind generell zu unterscheiden:

- *gedruckte Medien:* Printmedien: Zeitungen, Zeitschriften etc.
- *auditive Medien:* Hörfunk, Lautsprecheransagen
- *audio-visuelle Medien:* Fernsehen, Film, Video
- *Sondermedien:* Zeppeline, Luftballons, Flugtransparente, Werbegeschenke etc.
- *Online-Medien:* Website, soziale Netzwerke etc.

Die Medien selbst sind Transportmittel der Marketingkommunikation von Unternehmen und Institutionen, zugleich aber selbst unternehme-

rische Einheiten, die Marketing und Marketingkommunikation betreiben. Bei den Print- und AV-Medien kommt ihre journalistische Absicht hinzu. Als Serviceleistung bieten Medien PR-Leistungen an.
Medien machen selbst Marketing und Kommunikation. Die Zielrichtung der Medien geht somit in zwei Richtungen: einmal in die Richtung der Hörer:innen/Seher:innen/Nutzer:innen und zum anderen in Richtung der kommunikationstreibenden Unternehmen und Organisationen als Inserenten.

Die Medien versprechen den Werbetreibenden:

- eine möglichst hohe Reichweite des Mediums und im Segment der gewünschten Zielgruppe,
- eine hohe Kontakthäufigkeit mit dem Medium und dem Mittel (z.B. Anzeige, Hörfunkspot),
- eine hohe Kontaktintensität (z.B. Nutzungszeit, Nutzungshäufigkeit),
- ein ideales redaktionelles Umfeld,
- eine ideale Positionierung des Mediums im angestrebten Zielgruppensegment hinsichtlich Originalität, Themenbezug, Exklusivität, Seriosität, Nutzungszweck und Wert-Preis-Relation,
- ein ökonomisches Preis-Leistungs-Verhältnis für die Inserent:innen (niedriger 1.000-Leser:innen-Preis und/oder Tausend-Kontakt-Preis).

17.1 Fachbegriffe der Mediaplanung

Schlüsselwörter in der Mediaplanung sind der Werbeträgerkontakt (Medienkontakt) und der Werbemittelkontakt. Der Begriff »Kontakt« bezeichnet jede noch so flüchtige Berührung einer Person oder eines Haushalts mit einem Medium oder einem Kommunikationsmittel (z.B. Anzeige).

Ein weiterer Begriff der Mediaplanung ist die Reichweite. Er bezeichnet den Anteil (Prozentsatz) der Bevölkerung oder einer Zielgruppe, den ein bestimmtes Medium oder eine bestimmte Anzahl ausgewählter Medien (Media-Mix) in einem bestimmten Zeitraum erreicht haben. So kann ein Radiosender behaupten, er erreiche im Zielgruppensegment der 14- bis 20-Jährigen in Niedersachsen 42 % (gleich 42 % Reichweite).

Zur Berechnung und zum Vergleich der Media-Leistungen gilt der Begriff des »*Tausend-Kontakt-Preises*« (*TKP*). Hier wird ausgewiesen, wie teuer es wäre, 1.000 Kontakte einer gewünschten Zielgruppe zu erreichen. Zeitungen und Zeitschriften geben meist den Tausend-Kontakt-Preis auf der Basis eines Seitenpreises an.

Ein weiterer Faktor zur Werbeplanung und Mediaplanung von Tageszeitungen, Fachzeitungen, Publikumszeitschriften usw. ist die *Auflage*. Zu unterscheiden sind die gedruckte Auflage, die verbreitete Auflage und die tatsächlich verkaufte Auflage. Die Auflagenzahlen werden regelmäßig durch die *IVW* (Informationsgemeinschaft zur Feststellung der Verbreitung von Werbeträgern) kontrolliert und veröffentlicht (siehe dazu *Strott*, 2022).

17.2 Checkliste Mediaplanung

Hilfen zum Erarbeiten einer *Medienliste* des unternehmerischen Umfeldes:

- Strukturieren Sie die Medienliste lokal, regional, national, international, je nach dem Verbreitungsgebiet Ihrer Institution und dem Ort der vermuteten Zielgruppe.
- Erarbeiten Sie sich die jeweiligen Reichweiten, Themenpläne, Telefonnummern und Internetadressen Ihrer gewählten Medien.
- Legen Sie fest, welche Zielgruppen Sie mit welchen Medien treffen, ebenso wie den Anteil der Kommunikationszielgruppe an der Leser:innen-, Hörer:innen-, Zuschauer:innen-, Nutzer:innenschaft der gewählten audiovisuellen Medien.

- Legen Sie einen Zeitplan fest, wann Sie mit welchen Aktivitäten (Werbung und PR) welche Medien belegen wollen.
- Klären Sie, ob Ihr Werbeziel eine besondere Affinität an der Leser:innen-, Hörer:innen-, Zuschauer:innen-, Nutzer:innenschaft der relevanten Medien trifft.
- Legen Sie einen Medienetat fest und setzen Sie diesen nach den Kriterien der Zielgruppenreichweite und ggf. des Tausend-Kontakt-Preises (TKP) fest.
- Beachten Sie Redaktionsschlusszeiten ebenso wie Anzeigenschlusszeiten oder Buchungszeiten der Medien.
- Prüfen Sie, ob sich die Inhalte Ihrer Botschaften über die jeweiligen Medien inhaltlich, emotional und im Format transportieren lassen.
- Halten Sie den Medienerfolg fest. Messen Sie bei PR-Artikeln Höhe und Spaltenbreite der erschienenen Artikel und führen Sie Reichweitendaten (hier: Leser:innen pro Ausgabe – LpA) auf. Verfahren Sie bei den anderen Medien analog.
- Beobachten Sie, welche Medien wann und mit welchem Werbemitteleinsatz oder PR-Aktivitäten welchen Erfolg, welche Response erbracht haben.
- Prüfen Sie, welche Faktoren für einen Medienerfolg ausschlaggebend waren: die Medienwahl, die Themenbesetzung, die gesellschaftliche Einbettung der Werbung und PR oder andere Faktoren.

Bei der Realisation der Mediaplanung, dem Medieneinsatz, ist zu beachten:

- Suchen einer kostengünstigen Form der Produktion. Wenn Kommunikationsmittel hergestellt, Reproduktions- und Druckaufträge erteilt werden sollen: Einholen von mindestens drei Preisangeboten.
- Sorgfältiges Vergleichen von Anzeigenpreisen, Erscheinungsdaten, Geschäftsbedingungen der Verlage, Anzeigenschlusstermine, Sendetermine etc. Je ausführlicher die Informationen für Setzer:innen, Lithograf:innen, Drucker:innen, desto genauer ein Preisangebot.

18 Das Sieben-Phasen-Modell von Marketing- bzw. Kommunikationskampagnen nach Wolfgang Kroeber

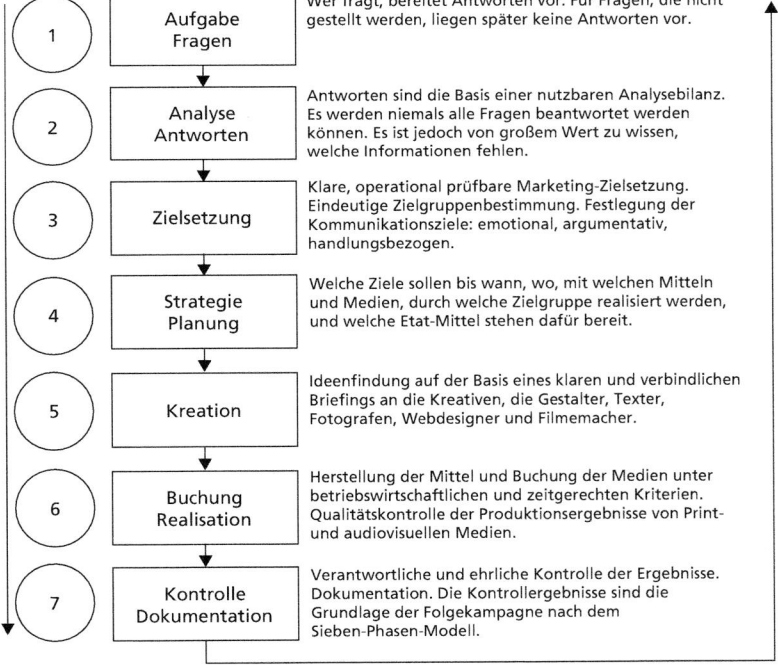

Abb. 2: Sieben-Phasen-Modell von Marketing- bzw. Kommunikationskampagnen von Kroeber (2016, S. 375)

Vorbemerkungen

Das Planungsmodell eignet sich für die konzeptionelle Planung von

Marketing-, Fundraising- oder Öffentlichkeitsarbeits-Kampagnen und ist insbesondere ein erprobtes Konzeptionsgerüst für Berater:innen.

Arbeitshinweise
Gleich, ob das Sieben-Phasen-Modell in Projektgruppen, kleinen Teams oder sogar von Einzelpersonen eingesetzt wird, immer hat die erste Phase ein besonderes Gewicht. Wenn Marketingmanagement die groben Schritte Analyse, Planung, Realisation und Kontrolle erfordert, legt das Sieben-Phasen-Modell besonderen Wert auf den Schritt vor der Analyse, der Phase 1, Aufgabenstellung und Fragestellung: Wer nicht fragt, der wird keine Antworten erhalten. Oder, wie ein bekannter Jingle einer Kindersendung meint: »Wer nicht fragt, bleibt dumm!«

18.1 Phase 1 – Sensibilisierung und Fragestellung

Ziel: Sensibilisierung, Fragen- und Hypothesenbildung über ein zu lösendes Marketing- oder Kommunikationsproblem.

Achtung: Stellen Sie sich in dieser Arbeitsphase zuerst Fragen zu dem Problem, das Sie lösen wollen.

Was wissen Sie von dem zu lösenden Problem, was wissen Sie nicht, was müssen Sie wissen?

Suchen Sie zunächst noch keine Antworten auf Ihre Fragen, das blockiert Ihre Fragestellungen. Die Antworten liefert die zweite Phase des Arbeitsprozesses!

Voraussetzung: Sie wissen grob, welches Marketing- oder Kommunikationsproblem Sie lösen wollen. Es sollte Ihnen eine vorläufige, aber klar formulierte Aufgabenstellung vorliegen.

18.1 Phase 1 – Sensibilisierung und Fragestellung

Es ist wichtig, die Fragen in der ersten Phase unvoreingenommen zu formulieren. Formulieren Sie die Fragen sorgfältig und schriftlich und fragen Sie auch nach den möglichen Quellen, die Ihre Fragen beantworten könnten.

Als Quellen verfügen wir heute über Daten aus Studien von Interessengruppen, Organisationen, Medien, über Internet, Institute usw., z. B. AWA (Allensbacher Markt- und Werbeträgeranalyse), VA (Verbraucheranalyse), MA (Media-Analyse), TdW (Typologie der Wünsche).

> Stellen Sie an diese Quellen keine sorgfältigen Fragen, so bleiben Ihnen die Quellen verschlossen.

Arbeitsablauf in Phase 1

Die folgenden Fragestellungen sind Anregungen und sollen als Denkhilfe gelten. Auch wenn die folgende Auflistung umfangreich ist, kann sie nur unvollständig sein:

Fragen zum Unternehmen bzw. der Non-Profit-Organisation:

- Welche Geschichte hat das Unternehmen?
- Wer hat es gegründet? Wann?
- Wie definieren sich das Selbst-, Fremd- und Wunschbild und das Weltbild unserer Unternehmung oder sozialen Institution?
- Ist ein Leitbild, die Identität (CI) der Unternehmung, definiert?
- Ist das Leitbild intern und extern verankert, akzeptiert?
- Gibt es Unterlagen aus dem Leitbildprozess? Welche? Und wer war bei der Ausarbeitung des Leitbilds beteiligt?
- Welche Vorstellungen, Stimmungen, Ängste, Meinungen artikulieren die Mitarbeitenden offen, und welche in informellen Gruppen oder privat?
- Welche Widerstände, Hoffnungen, Trends, Wünsche, Vorurteile könnten in der Öffentlichkeit oder Teilöffentlichkeit in Bezug zur Unternehmung und deren Leistungen, Zielsetzungen, bisherigen Handlungen und der anstehenden Aufgabenstellung vorliegen?

- Gibt es vorhandene Widerstände oder Motivationen in bestimmten Gruppen oder Teilöffentlichkeiten, in der Ebene der Entscheidenden, der Mitarbeitenden oder der Verwaltung zum Leitbild, der Corporate Identity, der externen Kommunikation, dem gesamten Marktauftritt des Unternehmens oder zum Führungsverhalten?
- Wird das Nutzenversprechen der Angebote des Unternehmens (USP – Unique Selling Proposition) in der Unternehmung intern und extern akzeptiert? Wird das Versprechen intern und extern, bei speziellen Zielgruppen, als glaubwürdig, nützlich und verantwortungsbewusst bewertet?
- Über wie viele und welche Geschäftsfelder verfügt das Unternehmen?
- Mit welchen Produkten oder Leistungen ist das Unternehmen bisher auf welchen Märkten aktiv gewesen?
- Welche Preise wurden bisher für welche Produkte oder Leistungen erzielt?
- Wie ist die finanzielle Basis und Sicherheit (auch Liquidität) des Unternehmens zurzeit zu bewerten?
- Welcher geografische Einflussbereich (auch Distributionen) gilt bisher für die Marktaktivitäten des Unternehmens?
- Welche Kommunikationsinstrumente, Mittel und Medien hat das Unternehmen bisher bevorzugt zur Durchsetzung seiner Unternehmenskommunikation gewählt?
- Welche Veranstaltungen, Events, auf die Unternehmensgeschichte bezogene Ereignisse hat das Unternehmen in den letzten drei Jahren durchgeführt?
- Welche Aktivitäten der Kund:innen- und/oder Klient:innenpflege hat das Unternehmen bislang gepflegt?
- Welche Beschaffungsmärkte, Quellen oder Personen, Beziehungen nutzte das Unternehmen bisher, um Rohstoffe, Waren, Dienstleistungen, Personal, Rechte und Energien einzukaufen?

Fragen zur aktuellen Aufgabenstellung in Ihrem Unternehmen:

- Was hat das Unternehmen bislang im anstehenden Problemfeld geleistet? Welchen Erfolg hatte es mit welchen Produkten, Dienstleistungen in welchem geografischen Gebiet, bei welchen Gruppen?

- Welche Gesamtleistung (Produkte/Dienstleistungen/Service etc.) hat das Unternehmen bisher in Bezug auf das anstehende Problem geboten?
- Welche Leistungen hat die Konkurrenz, der Mitbewerber hinsichtlich des anstehenden Problems bisher geleistet?
- Welche Branchenerfahrungen liegen im Unternehmen bei wem und in welcher Form vor?
- Welche gesellschaftlichen oder branchenbezogenen Trends sind zu beachten und wie sind diese wo dokumentiert?
- Welche (neueren) rechtlichen Faktoren sind zu beachten?
- Welche neuen rechtlichen Einflussfaktoren ergeben sich aus der globalen und europäischen Entwicklung?
- Welche Einflussfaktoren ergeben sich aus der technologischen Entwicklung, besonders im Bereich der Informationstechnologie?
- Welche neuen Forschungsergebnisse, Innovationen, Berichte, Kongressergebnisse im Branchenfeld sind zu beobachten und haben Einfluss?
- Welche Ereignisse sind für das Unternehmen wichtig aus den Bereichen Sponsoring, Spenden, kulturelles oder politisches Engagement?
- Welche Erfahrungen liegen vor mit Unternehmensberatungen oder Werbeagentur-Leistungen?
- Welche Schulungsmaßnahmen brachten oder geben hinsichtlich des zu lösenden Problems Hinweise?
- Welche Serviceleistungen sind notwendig und werden von welchen Zielgruppen erwartet?
- Welche Serviceleistungen sind branchenüblich bzw. stellt die Konkurrenz zur Verfügung?
- Welche Gesetzesinitiativen sind zu beachten?
- Wie stark waren Öffentlichkeit oder Teilöffentlichkeit (intern/extern) bisher in Aktionen des Unternehmens angesprochen oder einbezogen und mit welchem Ergebnis?

18 Das Sieben-Phasen-Modell von Marketingkampagnen

Fragen zu unternehmensinternen Faktoren:

- Gab es Mitbeteiligung und Mitbestimmung der Mitarbeitenden oder Betroffenen (Klient:innen, Kund:innen, Dienstleistenden) bei Initiativen, Kampagnen des Unternehmens?
- Gab es Mitbestimmung oder Mitbeteiligung, auch Reaktionen von Bürger:inneninitiativen, Interessengruppen, Gewerkschaften bei Initiativen, Kampagnen des Unternehmens?

Fragen zur Leistung und Kompetenz des Unternehmens:

- Was leistet das Unternehmen bislang für Kund:innen, Lieferant:innen, Dienstleistende (auch Nachbar:innen) und spezielle Zielgruppen, mit welchem subjektiven und objektiven Nutzen?
- Mit welcher Kompetenz ist die Unternehmung und sind die verantwortlichen Personen im Unternehmen ausgestattet? Sind sie in der Lage, diese Kompetenzen auch auszufüllen?
Zum Beispiel: ethisch-moralische Kompetenz, soziale Kompetenz, finanzpolitische Kompetenz, personelle Kompetenz, Führungskompetenz, Marktmacht, Marktanteil, politische Kompetenz (Lobby), kulturelle Kompetenz, innovative Kompetenz, ökologische Kompetenz.

Fragen zum Marktauftritt der Mitbewerber oder der Konkurrenz:

- Was haben andere Unternehmen bislang mit welcher Thematik oder mit welchem Produkt- bzw. Leistungsangebot der Öffentlichkeit vorgestellt?
- Welche Themen sind zurzeit branchenüblich oder liegen im Trend? Hat die Konkurrenz diese Themen schon aufgenommen und wenn ja, wie?
- Welche Aktivitäten leisten andere vergleichbare Unternehmen oder Organisationen, die nicht zum direkten Konkurrenzumfeld gehören, mit welcher Intensität bei welcher Zielgruppe und mit welchem Erfolg?
- Wie prägen sich das Image und Leitbild (Fremd- und Selbstbild) der Konkurrenz bei welchen Zielgruppen und Multiplikator:innen aus?

18.1 Phase 1 – Sensibilisierung und Fragestellung

Gibt es ein Leitbild bei konkurrierenden Unternehmen und wo liegen die Unterschiede zum Leitbild des eigenen Unternehmens?
- Welche Stärken und Schwächen hat die Konkurrenz im Vergleich zum eigenen Unternehmen?

Fragen zu den gesellschaftlichen Einflüssen:

- Wie beeinflussen gesellschaftliche Faktoren (Steuerreform, Arbeitslosigkeit, aktuelle internationale Krisen, zunehmende soziale Differenzierung, Kostendiskussion, Globalisierung und Individualisierung der Märkte, Übernahmepraktiken, Spendenskandale, Politikverdrossenheit, zunehmende Gewaltbereitschaft usw.) die Arbeit des Unternehmens?
- Welche individuellen, gesellschaftlichen und branchenbezogenen Trends beeinflussen oder fördern das eigene Handeln und das der Konkurrenz?
- Welche regionalen, nationalen, europäischen oder globalen Trends und Einflüsse werden kurz-, mittel- und langfristig ökonomischen, ökologischen, sozialen, rechtlichen oder kulturellen Druck auf das Unternehmen ausüben?
- Welche Behörden, Verbände, Vereine, Organisationen sind wichtig und reagieren möglicherweise wie (z. B. Vergabepolitik) auf das Unternehmen und auf die zu lösende Aufgabe?
- Welche Einflüsse haben regionale, themenspezifische, nationale oder europäische politische Bewegungen?
- Welchen Einfluss haben soziodemografische Faktoren wie Trends zur Single- und Twin-Gesellschaft, Überalterung, multikulturelle oder multireligiöse gesellschaftliche Ausprägungen auf die Marktaktivitäten des Unternehmens?
- Welche Einflüsse haben Moden, Konsumtrends, politisch bedingte Einwanderungen, Anteil ausländischer Mitbürger:innen, deren Organisationen und Wertemuster auf die bisherigen und künftigen Leistungen der Unternehmung?

Fragen zu sozialpsychologischen Einflussfaktoren:

- Wie sind das Meinungsklima, die Wertedynamik, die Identifikation in Bezug auf die anstehende Aufgabenstellung des Unternehmens in der Öffentlichkeit, der Teilöffentlichkeit und im Unternehmen selbst zu definieren?
- Wie stark wirken sich Individualisierung, Hedonismus, »Jammerkultur« und Resignation auf die Arbeit des Unternehmens und die geplante Aufgabenstellung aus?

Fragen zu ökologischen Umweltfaktoren:

- In welchem Verhältnis stehen Energie- und Rohstoffaufwand bzw. -kosten der Arbeit der Unternehmung zur gestalteten Preispolitik bzw. zu den Einnahmen?
- Wie hoch ist die Schadstoffproduktion bzw. Umweltbelastung (z. B. Wasserhaushalt, Energie, Entsorgung)? In welchen Bereichen sind künftig Umweltbelastungen oder -entlastungen zu erwarten?
- Wie hoch sind die Entsorgungs- oder Recyclingkosten anzusetzen?
- Welches Bild vermittelt die Unternehmung in der Öffentlichkeit und bei den Mitarbeitenden hinsichtlich ihres ökologischen Verhaltens?
- Welche Konsequenzen für die Organisation ergeben sich aus der aktuellen politischen »Großwetterlage«, dem Ukraine-Krieg, der Rohstoffknappheit, der Auswirkungen der Corona-Pandemie und der beobachteten Klimakrise?

Fragen zu den Multiplikator:innen, Meinungsführer:innen, Journalist:innen, politischen Entscheidenden, branchenbezogenen Funktionsträgern:

- Welche Meinungen, Einstellungen, Werte, Trends, Moden, Stimmungen werden geprägt oder vertreten durch welche:
  - Meinungsträger in Institutionen, Ämtern, Parteien, Organisationen, Vereinen, Verbänden usw.?

- Multiplikator:innen in Redaktionen der Tageszeitungen, des Hörfunks und Fernsehens, der Anzeigenblätter, Fachzeitschriften, Vereinsblätter usw.?
- Mitarbeitende, Angehörige und Familien, Servicedienste und andere an das Unternehmen gebundene Dienstleistende?
- Banken, Kreditinstitute, Behörden?
- formelle und informelle Gruppen, Zirkel oder Netzwerke innerhalb und außerhalb des Unternehmens bzw. der sozialen Institution?
• Welche Meinungen, Einstellungen werden von den Mitarbeitenden oder deren Familien, Freunden oder Kund:innen geäußert über:
  - Leistungsangebote, Service-Pakete, Vertriebswege?
  - Entsorgungspraktiken, das Umweltverhalten?
  - Kommunikationsformen und Kommunikationsinhalte von Personen oder in der Werbung, der PR usw.?
  - Unternehmenskultur, die Umgangsformen?
  - Führungsverhalten, die Führungskräfte der einzelnen Ebenen im Unternehmen?

Fragen zu den bisher angesprochenen Zielgruppen der Unternehmung:

• Welche Zielgruppen (auch strukturiert nach z.B. Zielgruppensegmenten, Milieus, Lebensstilen, Zielgruppenniveaus) wurden wann, wo, wie, mit welchen Mitteln und Medien, in welchem Zeitraum und mit welchem Erfolg analysiert und angesprochen? (Liegen Kommunikationsbeispiele und Ergebnisprotokolle vor?)
• Welche Zielgruppen der Unternehmung wurden wann, wie, mit welchen Mitteln und Medien und mit welchem Erfolg von der Konkurrenz angesprochen? (Liegen Kommunikationsbeispiele und Ergebnisbeobachtungen vor?)
• Welche Zielgruppen wurden bisher von den Maßnahmen des Unternehmens nicht erreicht und mit welcher Begründung? Welche wurden stattdessen von der Konkurrenz mit welchen Aussagen und welchem Erfolg erreicht?
• Welche verbalen und visuellen Inhalte wurden wie, wann, mit welcher Intensität und mit welchen Mitteln und Medien an welche Zielgrup-

pen (auch Segmente) transportiert? Welche verbalen und visuellen Inhalte transportierte die Konkurrenz?
- Mit welchem Ergebnis ist die bisherige Kommunikation nach innen und außen erfolgt?
- Welche Ergebnisse hat die Kontrolle der Zielgruppenansprache der letzten Aktionen gebracht?

Fragen zur Medienlandschaft:

- Wie stark war die Presse (auch das lokale Anzeigenblatt, die Lokalsender) in die bisherigen Aktionen des Unternehmens einbezogen? Wie war die Berichterstattung: positiv, neutral, negativ?
- Welche Medien berichteten bislang über die unternehmerischen Aktivitäten und das Unternehmen als Ganzes oder von Teilbereichen?
  - Fachpresse, allgemein, spezifisch
  - Publikumspresse (TZ, PZ etc.)
  - Hörfunk (privat/öffentlich/rechtlich)
  - Fernsehen (privat/öffentlich/rechtlich)
  - Vereins-, Verbands-, Branchenpresse
  - eigene Publikationen
- Welche Mediadaten der relevanten regionalen, für das Marktgebiet geltenden Medien liegen vor?
- Welche Medien wurden bislang als Werbeträger vom Unternehmen genutzt?
  - Zeitungen und Zeitschriften
  - Hörfunk und Fernsehen
  - Außen- und Verkehrsmittel-Medien
  - interaktive Medien
  - Messen und Ausstellungen
  - Schauwerbe-Medien

Fragen zur Medien-Nutzung der Zielgruppen:

- Welches Informationsverhalten pflegen die Zielgruppen oder die Multiplikator:innen des Unternehmens generell?

- Welche generellen Medien nutzt die Zielgruppe? Wie werden welche Medien wo, wann und wie intensiv genutzt?
- Welche zusätzlichen Kommunikationskanäle bzw. Maßnahmen könnten die Zielgruppe oder die Multiplikator:innen akzeptieren?
- Welche finanziellen Mittel standen bisher und stehen zukünftig für den Einsatz von Medien zur Verfügung?

Fragen zu Informationsquellen:

- Welche Medien, Quellen, Daten, Adressen sind durch Verbände oder andere Organisationen etc. zum anstehenden Problem zu erhalten? Zum Beispiel: Studien, Aufsätze, Daten etc. aus der Allensbacher Markt- und Werbeträgeranalyse (AWA), der Verbraucheranalyse (VA), der Media-Analyse (MA), den Sinus-Untersuchungen, den Untersuchungen der Medienverlage (Axel Springer, Heinrich Bauer Verlag, Der Spiegel, Das Beste) usw.
- Sind Personen oder Multiplikator:innen bekannt, die Informationen liefern können? Gibt es eine aussagefähige Adressenkartei in diesem Zusammenhang?
- Welche Quellen könnten genutzt werden?
- Welche kompetenten Persönlichkeiten der eigenen Institution, deren Fachabteilungen könnten Daten haben oder zur Datenbeschaffung eingesetzt werden?
- Liegen Ausarbeitungen, Daten, Dokumentationen über Themen der Aufgabenstellung vor?
- Gibt es Ergebnisse aus Befragungen, Beobachtungen oder Experimente, die das Unternehmen selbst durchgeführt hat?
- Liegen Auswertungen von Fachzeitschriften vor?
- Liegen Auswertungen der letzten Messen/Ausstellungen, Tagungen und Kongresse und/oder deren Unterlagen vor?
- Welche Adressen liegen für die Internetnutzung vor und welche anderen elektronischen Datenquellen und -träger könnten genutzt werden?

18.2 Phase 2 – Beantwortung der Fragen

Analyse
Phase 1 basierte auf einer vorläufigen Aufgabendefinition: Was ist beabsichtigt? Die Aufgabe kann ein zu lösendes Marketingproblem mit Produktentwicklung, Preisgestaltung, Vertriebsproblematik (Distribution), Fundraising-Projekt oder eine Problemlösung für eine Marketingkommunikation, für die interne Kommunikation oder eine gewünschte systematische Öffentlichkeitsarbeit sein.

Am Ende der Phase 2 sollen nach der möglichst genauen Beantwortung der Fragen, in einer klaren *Analysebilanz*, die *Stärken und Schwächen* des Unternehmens herausgearbeitet werden. Die Chancen, aber auch die Risiken und Gefahren der geplanten Unternehmensaktion sollen deutlich werden.

Auch nach der Beantwortung der in Phase 1 gestellten Fragen können weitere, neue Fragen auftauchen, die nach Antworten verlangen.

Erst in der dritten Phase werden dann die Ziele definiert und so die nun verbindliche Aufgabenstellung in der Form eines Briefings formuliert.

Beantworten der Fragen – Analysetechniken
Generell unterscheiden sich zwei Forschungsansätze, die zu Antworten führen:

- *die Befragung* (Feldforschung – field research),
- *die Aufarbeitung* vorhandener Daten, Untersuchungen, Quellen (Schreibtisch-Forschung – desk research).

Feldforschung (field research)
Eigene Befragungen setzen nicht nur eine präzise Gestaltung der Befragungsinstrumente, des Forschungsdesigns, der Fragebögen (mündlich/schriftlich) voraus, sondern auch eine nach statistischen Gesetzen objektive Auswahl der relevanten Befragungssubjekte.

Das kostet Geld und verlangt Expert:innenwissen. Wird diese Analysetechnik verlangt, sind unbedingt die Grundlagen der empirischen Sozialforschung und der Fragetechniken aufzuarbeiten. Besser ist es, ein professionelles Forschungsinstitut zu beauftragen.

Schreibtisch-Forschung
Über fast alle gesellschaftlichen Phänomene, Märkte, Informations- und Konsumverhaltensweisen, Meinungen, Einstellungen und Ängste gibt es heute aus der Sicht jeweils unterschiedlicher Forschungsinstitute, Medien und Marktpartner Untersuchungen. Die Untersuchungen liegen in Form von Dokumenten oder als Zahlenwerke in zugänglichen oder zu erwerbenden Datenspeichern gespeichert oder aktuell im Internet vor (siehe AWA, SINUS, VA, MA).

Diese Quellen können nur sinnvoll erschlossen werden, wenn in Phase 1 gute Fragen entwickelt wurden. Computerdaten lassen sich nur durch exakte Fragen erschließen.

Quellen
Neben den in den Fragen aufgeführten Quellen verfügen Medien, Forschungsinstitute, Branchenorganisationen, Verbände, Vereine und spezielle Medien über Daten. Da alle Institutionen interessengeleitet forschen und Daten bereitstellen, ist stets auf den Interessenzusammenhang der Datenbesitzenden zu achten.

Analysenbilanz
Wenn die Fragen je nach Zeitaufwand, finanziellen Möglichkeiten und personeller Kompetenz beantwortet wurden, ist eine *Bilanz der Stärken und Schwächen, der Chancen und Risiken* des Unternehmens hinsichtlich der zu lösenden Aufgabe zu leisten.

Die Ergebnisse sind in einer Zusammenfassung (Konklusion, Rückschluss, Folgerung) schriftlich zu fixieren. So werden klare *Ist-* und konkrete *Soll-Daten* vorgestellt, aus denen dann eine *endgültige und verbindliche Aufgabenstellung* formuliert werden kann.

Die *Analysenbilanz* wird auch aufzeigen, welche Fragen offen blieben, wo es keine Antworten aus Zeitgründen oder mangelnden Quellen geben konnte. So wird deutlich, welche *Informationslücken* bestehen. Stets muss von einer unvollständigen Datenlage ausgegangen werden. Dies beinhaltet Risiken, die einzukalkulieren sind.

Am Ende der Phase 3 steht eine Zusammenfassung in Form einer *SWOT-Analyse* (▶ Kap. 6.2). Eine SWOT-Analyse als Situationsanalyse ist eine Bestandsaufnahme marketingrelevanter Sachverhalte mit dem Ziel, Chancen, Risiken, Stärken und Schwächen herauszuarbeiten. Sie wird jetzt offengelegt und bewertet.

Eine Einschätzung zukünftiger Entwicklungen des Unternehmens lässt sich dieser Stärken-Schwächen-Analyse relativ sicher treffen. Die SWOT-Analyse ist hier ein brauchbares Instrument.

18.3 Phase 3 – Ziele formulieren

> Nach der Analysenbilanz können nun die Ziele überprüfbar und operationalisiert (in Zahlen berechenbar und überprüfbar) formuliert werden!

Marketingziel

Das Marketingziel beschreibt z. B. die zu erreichenden Größen der Leistungs-, Umsatz-, Belegungs-, Verkaufs-, Besucher:innen-, Spender:innenziele strukturiert nach *Zielgruppen*, dem angestrebten *Zeitraum* und dem *örtlichen Raum* in Zahlen. Marketingziele können *zeitlich* in kurz-, mittel- und langfristigen Zielen definiert werden.

- Im Marketingziel sind das Produkt, die Leistung und der angestrebte Marktpreis klar definiert (um was geht es?).
- Im Marketingziel wird der finanzielle Rahmen festgelegt (Budget/Etat), aber auch der angestrebte Erfolg/Gewinn.
- Das Marketingziel definiert und differenziert den angestrebten Erfolg im geografischen Markt und bei den Zielgruppensegmenten so, dass sie als Kontrollmerkmale der Zielerreichung gelten können.

18.3 Phase 3 – Ziele formulieren

Endgültige Bestimmung der Zielgruppe(n)
Die verbindlich fest definierte Zielgruppe bzw. Zielgruppensegmente werden nach geografischen, soziodemografischen Merkmalen (Alter, Geschlecht, Haushaltsgröße, Bildung, Berufstätigkeit usw.) und psychografischen Merkmalen (Verhalten, Präferenzen, Vorurteilen, Informationsverhalten usw.) definiert.
Zahlen zeigen die Größe der Zielgruppe auf; in Prozenten wird der Zielgruppenanteil an einer Gesamtheit festgelegt.

Beispiel:
Die Kampagne richtet sich an junge Erwachsene im Großraum Hamburg (nach Wirtschaftsgroßraum) im Alter von 20 bis 29 Jahren, die vornehmlich in Ein- und Zweipersonenhaushalten wohnen und eine besondere Affinität zu einem egozentrischen Lebensstil haben (ca. 14 % der Gesamtbevölkerung im angegebenen geografischen Rahmen).

Kommunikationsziele
Um die Marketingziele zu verwirklichen, bedarf es der Kommunikation mit der Zielgruppe. Das *generelle Kommunikationsziel ergibt sich aus dem Marketingziel* – nicht umgekehrt! Es definiert die Ziele, die mit der Kommunikation zwischen Unternehmen und Zielgruppe erreicht werden sollen, auf drei Ebenen:

- *Bekanntheitsgrad* steigern: Welche Informationen – auch über die objektive Nutzenstiftung – sollen von der Zielgruppe gelernt und gespeichert werden? (kognitive Ziele)
- *Sympathiewert* steigern: Welche Gefühle, Meinungen, Einstellungen, Präferenzen, subjektiven Nutzen sollen die Zielpersonen empfinden, wenn sie die Botschaften der Unternehmung erkennen, verarbeiten und speichern? (affektive Ziele)
- *Verwendung*, Nutzung auslösen: Welche Aktionen, Handlungen oder Unterlassungen sollen die Zielpersonen vollziehen, nachdem die Zielpersonen die Botschaft des Unternehmens erkannt, verarbeitet und akzeptiert haben? (konatives Ziel)

Das Kommunikationsziel vermittelt das einzigartige Nutzenversprechen (USP), positioniert die Leistung des Unternehmens eindeutig und trägt zur Verhaltensorientierung der Zielgruppe im Sinne der Marketingzielsetzung bei.

Im Speziellen hat das Kommunikationsziel beispielsweise folgende Aspekte zu berücksichtigen:

- Das Ziel, die Bekanntheit, die Position des Unternehmens oder der Leistung im Markt, des Images der Unternehmung, die Art und den Nutzen der Leistung, in den Köpfen der Zielpersonen zu verankern.
- Das Ziel, den Namen der Aktion bzw. des Programms bekannt zu machen.
- Das Ziel, Symbole, Zeichen und Slogans, Bilder, Farben und deren logische und analoge Bedeutung bekannt zu machen.
- Das Ziel, Preise, Nutzen und gewünschte Handlungsmuster, Anweisungen und Appelle akzeptierbar bei der Zielgruppe zu verankern.
- Das Ziel, Service-Leistungen und Hilfsprogramme usw. vorzustellen.
- Im Bedarfsfalle das Ziel, Vorurteile, Ängste oder aktive und passive Widerstände, Verweigerungen abzubauen.
- Das Ziel, gewünschte Motivationen und positive Einstellungen zum Unternehmen oder zur Leistung zu fördern.
- Gegebenenfalls das Ziel, den Wunsch, etwas nicht zu tun oder bewusst etwas anderes zu tun, Gegenmotivation aufzubauen.
- Das Ziel, gewünschte Verhaltensänderungen oder Einstellungsänderungen zu schaffen.
- Das Ziel, eine Änderung der bisherigen Kaufhandlung oder des Spendenverhaltens, eines Informationsverhaltens, einer Handlung usw. herbeizuführen.

Budget/Etat/Kostenrahmen

Die grundsätzliche Festlegung des Budgets für die gewünschte Kampagne orientiert sich entweder an einem dem Geschäftsbereich vorgegebenen Etatrahmen oder wird nach der Kommunikationszielsetzung festgelegt.

Budget-Überlegungen (Kostenrahmen) werden grundsätzlich nach den ökonomischen *Prinzipien der Betriebswirtschaft* getroffen: Entweder ist mit einem gegebenen Budget ein möglichst großer Erfolg zu erlangen oder ein gewünschter Erfolg ist mit dem geringsten Budget zu realisieren.

Vorgegebene *Budgets sind verbindlich.* In diesem Rahmen haben sich die Marketingmaßnahmen (Produktentwicklung, Produktion, Produktgestaltung, Vertriebskosten) und die Kommunikationsmaßnahmen (Gestaltungskosten, Druckkosten, Mediakosten, Personalkosten) zu bewegen. In jedem Falle sind Nebenkosten (z. B. Personalkosten bei Präsentationen; Standbesatzungen auf Messen, Veranstaltungen; Akteure bei Events usw.) sowie Steuern, Mehrwertsteuern zu berücksichtigen.

Bei einigen Unternehmen, vornehmlich im sozialen Bereich, werden zuweilen Personalkosten auf Verwaltungs-Kostenstellen abgewälzt oder Personalkosten als »nicht anfallend« betrachtet, weil diese schon über andere Kostenträger abgedeckt werden. Eine solche Budgetplanung ist unredlich und entspricht nicht der Vollkostenplanung.

Als Kosten können anfallen:

- Personalkosten,
- Forschungs- und Analysekosten,
- Gestaltungs- und Entwicklungskosten,
- Beratungskosten,
- Kommunikations-, Mittel- und Media-Kosten,
- Sachkosten, Verwaltungskosten,
- Logistikkosten usw.

18.4 Phase 4 – Planung und Strategie

Die strategische Phase gibt Auskunft über die Fragestellung:

- Wie werden
- welche Kommunikationsziele
- mit welchen kommunikativen Botschaften (Inhalten)

- über welche Medien
- an welche Zielgruppen
- im Rahmen welcher Aktionen
- wann und an welchen Orten (wo) transportiert
- und was wird die Maßnahme im Gesamten und in den einzelnen Untermaßnahmen kosten?

> In Phase 4 werden einzelne Maßnahmen im Rahmen der Kommunikationsinstrumente festgelegt und Aussagen über die Mediawahl getroffen.

Maßnahmen und Kommunikationsinstrumente
Im Rahmen des Marketing-Mixes stehen folgende klassische Kommunikationsinstrumente zur Verfügung:

- Werbung,
- Public Relations,
- Verkaufsförderung,
- Direktkommunikation,
- Webseitenkommunikation,
- Kommunikation auf YouTube und Social Media.

Ergänzt werden diese Instrumente des klassischen Marketing-Mixes durch die Kommunikationsinstrumente:

- Messen und Ausstellungen,
- Events und Veranstaltungen,
- Product-Placement,
- Sponsoring,
- Response-Kommunikation,
- interne Kommunikation,
- interpersonelle Kommunikation.

Die Definition der einzelnen Instrumente sind oben aufgeführt (▶ Kap. 6.4, ▶ Kap. 9.1, ▶ Kap. 14, ▶ Kap. 15).

Messen und Ausstellungen, Events usw. bedienen sich der klassischen Marketingkommunikationsinstrumente. Für jedes der aufgeführten Instrumente lassen sich spezielle Formen des Marketings entwickeln, wobei die Begriffsbestimmung teilweise modernistischen Trends unterworfen sind und daher unscharf wirken:

- Event-Marketing,
- Direktmarketing,
- Response-Marketing,
- Beziehungsmarketing,
- Permissionsmarketing usw.

> In der strategischen Phase werden die Kampagnenart und die begleitenden kommunikativen Maßnahmen festgelegt.

Tonality (Tonart der Zielgruppenansprache)

Die strategische Kommunikation mit der ausgewählten Zielgruppe erfolgt über eine besondere Ansprachform (Tonalität), welche die Verstands-, die Gefühls- und die Handlungsebene in besonderer Weise anspricht. Je nach der ausgewählten Zielgruppe ist eine *adäquate Ansprache (Tonality)* zu wählen.

Die Tonalität wird in dieser Phase grundlegend festgelegt. Die Tonalität einer Kommunikationskampagne in Text, Bild, Ton, Format, Wahl der Leitpersonen in der Themenwahl kann:

- betont verbal, sprachorientiert,
- betont sachlich, informativ argumentativ,
- betont partnerschaftlich,
- betont Lebensstil-orientiert,
- betont emotional, eskapistisch,
- betont esoterisch,
- betont religiös,
- betont avantgardistisch,
- betont klassisch-konservativ,

- betont frech bis dreist gestaltet sein oder
- es kann argumentiert werden.

Die Kommunikation sollte *authentisch, glaubwürdig, verständlich und nicht manipulativ* sein. Sie kann:

- Prioritäten setzen,
- themenorientiert sein,
- erlebnisorientiert, unterhaltend sein,
- leistungsorientiert sein,
- motivorientiert sein (Bedürfnisse, Probleme lösend),
- Argumente und Lösungen aufzeigen,
- sachlich richtig, ökologisch folgerichtig und schlüssig sein,
- den zentralen Gedanken und Nutzen (USP) als Kernidee herausstellen,
- die visuelle Gestaltung dominieren lassen,
- die verbale Gestaltung dominieren lassen.

Je nach festgelegter Aktion und den Maßnahmen zur Lösung der gestellten Marketingaufgabe wird in dieser Phase der integrierte, vernetzte Einsatz der Kommunikationsinstrumente geplant. Eine kluge Vernetzung der kommunikativen Instrumente und Maßnahmen soll durch eine mehrkanalige Ansprache der Zielpersonen (Hören, Sehen, Handeln, Riechen, Fühlen) zu einem Synergieeffekt führen.

Der strategische Einsatz der Marketingkommunikation im Markt erfolgt nach dem finanziellen Rahmen, der das Budget vorgibt, nach der Zielsetzung und den Zielgruppenvorgaben. Grundsätzlich ist ein Einsatz möglich von:

- Werbung,
- Verkaufsförderung,
- Response-Kommunikation (Mailing, Direktwerbung, Dialoge im Internet, Telefon, Gameshows usw.),
- Public Relations/Human Relations,
- Product Placement,
- Veranstaltungskommunikation (Event),
- Messen und Ausstellungen,

- Lobbying,
- interner Kommunikation,
- persönlicher Kommunikation (Beratung, Verkauf, auch Coaching),
- Fundraising, Sponsoring, Spenden-, Mäzenaten-Aktivitäten,
- Medieneinsatz (Cross-Media).

> Zur strategischen Phase gehört auch die Bestimmung der generell einzusetzenden Medien im Rahmen eines zu setzenden Mediakostenplans.

Zur Mediaplanung gehören:

- treffsichere Mediaauswahl, an den Zielgruppen orientiert,
- die möglichen Formate und Frequenzen der Einschaltungen in den Medien, orientiert am Mediakostenplan,
- die Höhe der angestrebten Reichweiten der einzelnen Medien und gesamt,
- die Höhe der Kontaktchancen je Medium nach Zielgruppensegmenten,
- die aufmerksamkeitsstärksten Platzierungsmöglichkeiten z.B. in Zeitungen, Anzeigenblättern oder auf Plakatwänden, im Straßenbild oder in Vitrinen, Schaufenstern, Schaukästen usw.,
- die Orientierung an spezifischen, die Zielgruppe interessierenden redaktionellen Themen in den einzelnen Medien (redaktionelles Umfeld).

Kriterien der generellen Medienauswahl
Festzulegen sind die klar definierte Zielgruppe, ihre Größe, der Ort, die Zeit der geplanten Maßnahmen. Die Medien-Nutzungsgewohnheiten der Zielgruppe, Entscheidenden, Käufer:innen, Nutzer:innen innerhalb der gewählten Zielgruppe bestimmen den Medieneinsatz.

Als generelle Zielgruppen könnten je nach Aufgabenstellung und Unternehmensziel gelten:

- Mitglieder, Ehrenamtliche, Käufer:innen, Nutzer:innen, Verbraucher:innen, Haushalte,
- Sponsor:innen, Spender:innen,
- Unternehmer:innen, Kapitalbesitzer:innen, Entscheidende,
- Handel, Architekt:innen,
- Journalist:innen, Meinungsbildende,
- Verbandsvertreter:innen, Lobbyist:innen,
- Politiker:innen, Funktionär:innen usw.

Für die Mediaplanung sind spezielle Erkenntnisse über die Zielgruppen wichtig. Die erste und zweite Phase haben hier mögliche erste Erkenntnisse gegeben. Es wird jedoch notwendig sein, noch einmal eine Frage- und Analysephase vorzunehmen, um nach medienspezifischen Daten und Erkenntnissen zu suchen. Im Einzelnen könnten Daten gesucht werden:

- zur persönlichen Medienauswahl der gewünschten Zielgruppe(n),
- zum zielgruppenspezifischen Lese-/Sehverhalten, zur Hörfunknutzung oder zu Plakatbeachtungen usw. (Nutzungsverhalten),
- zum Lernverhalten und der Affinität der Zielgruppen zum Medium oder zu Mediengattungen,
- zur Erwartung der Nutzer:innen an die relevanten Medien, deren Inhalte, Angebote und Lebenshilfen,
- zur Einstellung zu speziellen Medien und zur Einstellung zur Werbung in den betreffenden Medien,
- zum durchschnittlichen Aufwand an Zeit und Geld für die Nutzung von zu definierenden spezifischen Mediengattungen.

Für die spezielle Mediaplanung in der Kreativ-Phase sind jetzt folgende wirtschaftliche Faktoren zu beachten:

- die gedruckten, verbreiteten, verkauften Auflagen,
- die Tausend-Kontakt-Preise (wie teuer wird es, 1000 Kontakte der Zielgruppe zum Medium herzustellen?),

- die Tausend-Leser:innen-/Hörer:innen-/Zuschauer:innen-Preise (wie teuer wird es, 1000 Leser:innen/Zuschauer:innen/Hörer:innen über die gewählten audiovisuellen Medien zu erreichen?).

Hinsichtlich der Medienqualitäten sind hier für die kreative Phase (Text/Gestaltung) Daten über die technischen Merkmale der ausgewählten Werbeträger/Medien bereitzustellen:

- die Verwendungsmöglichkeiten von Farben, Bildgestaltungen/Rasterweiten, Duft (Duftdruck), Gefühl (haptische Anmutung des Mediums, z. B. Papierqualität), Beilagen und Warenproben,
- die Formate, Größen, Druckverfahren, technische Möglichkeiten,
- die technischen Möglichkeiten und Grenzen im Bereich der gedruckten Medien und der audiovisuellen Medien sowie der elektronischen Medien,
- die rechtlichen Möglichkeiten und Grenzen der medialen Kommunikation.

Kontrollen

Schon in der strategischen Phase müssen Kontrollkriterien festgelegt werden, die später zur Legitimation der Marketing- oder Kommunikationskampagne als Daten zur Verfügung stehen müssen.

- Welche Messgrößen sollen angesetzt werden? Was soll gemessen werden, um einen Erfolg der Kampagne festzustellen (Basis: Zielsetzung)?
- Welche Messmethoden sollen eingesetzt werden (wie soll gemessen werden)?
- Wie sollen die Ergebnisse dokumentiert und präsentiert werden?

Zeitliche Planung

Der Zeitrahmen legt fest, welche Instrumente wo, wie, wann mit welcher Intensität (Kommunikationsdruck) wie lange und mit welchen Medien eingesetzt werden.

Als Arbeitsmethode bietet sich hier die *Planungsmatrix* an, auf der klar die *einzelnen Aktionen* im *zeitlichen, räumlichen und personalen Überblick* aufgeführt sind.
Die Mediaplanung und Herstellungszeiten der Kommunikationsmittel werden in der kreativen Phase festgelegt. Bis auf den einzelnen, zeitlich abgestimmten und auf den zielgruppenspezifischen Aspekt abgehobenen Medieneinsatz werden dessen Dauer und Intensität sowie die einzelnen Produktionsstätten (Reproanstalten, Druckereien, Studios usw.) differenziert.

Kostenplan
Der Kostenplan basiert auf dem festgelegten Budget. Eine klare Kostenaufstellung legt *sämtliche zu erwartenden Kosten*, einschließlich Mehrwertsteuersatz und Personal-Einsatzplanung, genau dar. In der Kostenaufstellung sind als Planungskosten u. a. enthalten:

- Forschungs- und Planungskosten,
- Personal- und Verwaltungskosten,
- Kosten für den Einsatz der Kommunikationsinstrumente (z. B. Werbekosten),
- Service-, Miet-, Logistik-Kosten,
- Kreativitätskosten (Text/Gestaltung/Fotografie/Grafik usw.),
- Produktions- und Reprokosten (auch für Videoproduktion oder Standherstellung für Messen oder Events),
- Mediakosten, Dispositionskosten,
- Rechts- und Beratungskosten.

18.5 Phase 5 – Taktische und kreative Maßnahmen

Die taktische Phase beinhaltet die Ausgestaltung der einzelnen Handlungsschritte im Detail:

- genauer und abgestimmter Zeitablauf,
- Materialeinsatz,
- Personaleinsatzpläne, Technikeinsatz,
- Logistik, Catering,
- Kreation: textliche, grafische, musikalische, filmische Gestaltung der Kommunikationsmittel (Anzeigen, Internetseiten, Funkspots, Video- oder TV-Spots, -filme, Plakate, Flyer, Werbebriefe usw.).

Die zu gestaltenden Kommunikationsmittel können Anzeigen, Plakate, Werbegeschenke, Fernsehspots, Multi-Media-Shows, Hörfunkspots, Videos, Displays, Internetseiten, Broschüren, Festschriften, Schaukästen, -fenster, Verkehrsmittel-Bemalung, Scheibenkleber sein, sowie Beilagen: CDs, Prospekte, Flyer, Werbebriefe/Briefe, Aufkleber usw.

Die Voraussetzung für eine gute Zusammenarbeit mit externen Fachleuten (Texter:innen, Fotograf:innen, Gestalter:innen, Producer usw.) heißt: eine klare Aufgabenstellung (Briefing) vorbereiten:

- Verbindliche, schriftliche Anweisungen als Auftrag; hier sind Zeiten, Kostenrahmen und Termine klar festzusetzen!
- Qualitätssteuerung und Kontrolle.

Kreative Phase

Die Zielsetzungen gab die Basis für die einzelnen Maßnahmen und die generelle Planung der Medien. Beim Rebriefing sollten die Gestalter:innen, Fotograf:innen, Texter:innen und Mediaplanenden als Fachleute schon einbezogen sein. Auf jeden Fall sind externe Fachleute (Texter:innen, Grafiker:innen, Fotograf:innen usw.) einzuladen, wenn sie nicht in die konzeptionelle Arbeit eingebunden wurden. Sie erhalten jetzt eine genaue Aufgabenstellung (Briefing) mit detaillierten Hintergründen.

Wesentliches Element der kreativen Phase ist die kreative Plattform, in der die Positionierung und die Tonart (Tonality) deutlich festgeschrieben sind.

Kriterien des Briefings an die kreativen Experten:

- Leitbild oder Exposé der Corporate Identity und soweit vorhanden: verbindliche Rahmenvorgaben des Corporate Design.
- Hier insbesondere verbindliche Hausfarben, Typografien, Zeichen, Markenzeichen, Firmenzeichen, Symbole, Formen.
- Vorgegebene Zeichen, Symbole, Farben usw. bedürfen der semantischen Interpretation.
- Marketingzielsetzung einschließlich der Preisüberlegungen, der Rabatte und Konditionen sowie der Distributionen, Zielgruppenbestimmung (Marketingzielgruppe).
- Konzeption der geplanten eingesetzten Kommunikationsinstrumente. Vorstellung der geplanten Medien (Mediengattungen) und der geplanten Kommunikationsmittel.
- Darstellung des Zeitrahmens.
- Darstellung der angestrebten Positionierung der Unternehmung bzw. der Leistung.
- Festlegen des künstlerischen und gestalterischen Interpretations-Spielraums.

Die kreativen Fachleute liefern Texte:

- Mit den zuständigen Fachleuten aus dem Unternehmen abgestimmte Werbetexte,
- Texte für Prospekte, Broschüren, Plakate; Hörfunk-, Video-, Film-Texte,
- Texte für interaktive Medien und Mittel, insbesondere Werbebriefe,
- Texte für die Internetpräsentation sowie Texte für Präsentationen, Reden für spezielle Veranstaltungen und Events,
- Drehbücher.

18.5 Phase 5 – Taktische und kreative Maßnahmen

Die kreativen Fachleute liefern Grafik und Gestaltung:

- Mit den zuständigen Fachleuten im Unternehmen werden Fotos, Zeichnungen, Grafiken, Animationen abgestimmt.
- Druckfertig gestaltete Vorlagen werden in Form von Aufsichts-, Durchsichts-Originalen oder auf elektronischen Datenträgern gespeichert.
- Andrucke auf Auflagen-Papier,
- Storyboards zur Abstimmung.

Mediaplanung

In der strategischen Phase wurde die Mediengrundauswahl festgelegt; in der kreativen Phase werden die speziellen Medien ausgewählt, die möglichst ohne Streuverlust die Marketingzielgruppe erreichen.

Gleich ob die Mediaplanung selbst vorgenommen wird oder externe Fachleute herangezogen werden, die endgültige Mediaplanung zeigt die Preise/Rabatte, Kosten/Nutzen-Relation, die Modalitäten der Drucktechnik und der technischen Voraussetzungen der Verlage (Farbe/Formate) oder Studios auf.

Die Mediaplanung legt die Platzierungen in den Medien fest und beachtet die Qualitätserwartungen. Als Medien stehen u. a. zur Verfügung:

- Zeitungen/Zeitschriften (regionale, überregionale, täglich, wöchentlich, monatlich erscheinende usw.),
- Anzeigenblätter, Fachzeitschriften, Branchen-Dienste, Hauszeitschriften, Kundenzeitschriften,
- Fernseh-Sender: ARD/ZDF/Privatsender (regional, national, international),
- Hörfunk: die 1., 2., 3., 4. Programme der öffentlich-rechtlichen Anstalten und die Privaten,
- Außen- und Verkehrsmittel-werbung, Schaufenster und Schaukästen,
- Internet, Intranet und
- die vielen Sonderformen der Medien (z. B. Heißluftballons).

Kriterien der Mediaplanung

- Reichweiten, Affinitäten der Media-Zielgruppe in Bezug zur Leistung oder den Produkten des Unternehmens (Marketingzielgruppe),
- Kontakte und Kosten (Tausend-Kontakt-Preise).

Die Mediaplanung wird in zunehmendem Maße von Agenturen vorgenommen, die über differenzierte Auswahlprogramme verfügen, um in einem ständig sich wandelnden Medien-Markt treffsichere Entscheidungen zu ermöglichen. Media-Agenturen müssen sauber »gebrieft« (Aufgabenbeschreibung) werden.

Briefing der Mediaplanenden
Ein Briefing für die Mediaplanenden hat folgende Kriterien zu erfüllen:

- die Marketingzielgruppe bzw. die Zielgruppensegmente,
- die Kommunikationszielgruppe ist deutlich zu beschreiben. Hier sind die Multiplikator:innen ebenso aufzuführen wie die internen Zielgruppen,
- die grobe Darstellung der geplanten Medien,
- die Darstellung der gewählten Kommunikationsmittel und deren Gestaltung. (Die Wiedergabe einer 4c-Anzeige hängt oft entscheidend von der Papier-Qualität der gewählten Medien ab.)

Die Fachleute der Mediaplanung liefern:

- Präsentation der spezifischen Medien differenziert nach Gattungen, Media-Zielgruppen, Reichweiten (Bruttoreichweiten und Nettoreichweiten nach Zielgruppendifferenzierung),
- Mediakosten, Schaltkosten geordnet nach den Medien,
- im audiovisuellen Bereich geordnet nach Sendezeiten und Programm-Sparten und den speziellen Mediakosten, gewichtet nach Tausend-Kontakt-Preisen (TKP),
- gewichtet nach Sendezeiten und Programmformen, Einfach- bzw. Mehrfachbelegungen und Zeitplan (Schaltzeiten).

Die Mediaplanung liefert Musterexemplare der gewählten Printmedien oder, wenn möglich, Präsentationen der gewählten Hörfunk- und Fernsehsender.

18.6 Phase 6 – Produktion, Kommunikation und Distribution

Die *Herstellung (Produktion) und Realisation der Kommunikationsmittel und die Verteilung (Distribution)* der Botschaften an die ausgewählten Zielgruppen ist Planungs- und Umsetzungsgegenstand der Phase 6.

Die Vorlagen zur Herstellung der Kommunikationsmittel für die gedruckten, auditiven und audiovisuellen sowie elektronisch-interaktiven Medien werden nach der Abstimmung mit den verantwortlichen Fachleuten im Unternehmen in die Herstellung/Produktion überführt. Bei der Herstellung und Produktion der Werbemittel bzw. Kommunikationsmittel sind zu beachten:

- eine kostengünstige Form der Produktion, Druckherstellung, Studioproduktion usw.,
- Preisangebote,
- die verbindlichen Termin- und Zeitabsprachen.

Kosten

Die Produktion von Kommunikationsmitteln ist kostenintensiv. Eine sorgfältige Auswahl der Druckereien, Studios, Produktionsstätten und Werkstätten bedarf der wirtschaftlichen Kalkulation.

Empfohlen wird, bei mindestens drei Anbietern Preise einzuholen. Wichtig ist, den Herstellern mitzuteilen, welche Unterlagen sie erhalten, welche typografischen und gestalterischen Regeln gelten, wenn die Hersteller auch Satz, Layout und Blattkonzeption übernehmen.

Es fallen z. B. Kosten an für:

- Manuskript-Erarbeitung,
- Texterfassung,
- Reproduktion, Bildbearbeitung,
- Layout, Storyboards usw.,
- Reinzeichnung, Master-Bänder,
- Druck (nach Auflagenhöhe),
- Produktion, Studiokosten usw.,
- buchbinderische Verarbeitung,
- Versand nach Empfänger:innenorten.

Hersteller benötigen genaue Daten, besonders über Zeit, Auflagen und Verpackungen. Je ausführlicher die Informationen für die Setzer:innen, Lithograf:innen, Drucker:innen, die Produktionen usw. sind, desto genauer wird das Preisangebot.

Die kalkulierten Preise sind Basis der Kostenkontrolle, den Rahmen bietet die Etatplanung.

Disposition (Buchung) der Medien
Medien müssen zeitgenau, rechtzeitig und technisch korrekt gebucht werden.

- Anzeigenschlusstermine beachten,
- beim Direktmailing die Bestimmungen der Post beachten,
- vor und beim Einsatz von audio-visuellen Medien die technischen Voraussetzungen prüfen und beobachten,
- bei der Durchführung von Veranstaltungen örtliche, technische, rechtliche, sicherheitsbezogene, lokale, nachbarliche und logistische Probleme und Rahmenbedingungen klären,
- beim Messebesuch die Richtlinien der Messeveranstalter hinsichtlich zeitlicher, technischer, rechtlicher Bestimmungen klären,
- beim Plakatanschlag Standorte, Klebetermine, Formatanforderungen und bei elektronischen Medien der Außenwerbung Buchungszeiten und technische Rahmenbedingungen klären,

- bei Hörfunk, Kino und Fernsehen die technischen Bedingungen der Buchungszeiten (z. B. wer benötigt bis wann welche Kopien, Bänder usw.) beachten.

18.7 Phase 7 – Kontrollphase

Die Ergebnisse der Kontrollphase sind die *Basis für weitere Kampagnen*. Dabei sind zunächst einfache Betrachtungen anzustellen:

- Welche Punkte der Kontrolluntersuchung sind wichtig für eine nachfolgende Kampagne?
- Welche Maßnahmen, Instrumente, Medien und Mittel haben wo und wann, bei welchen Zielgruppen welchen Erfolg gebracht?
- Welche Maßnahmen, Instrumente, Medien und Mittel haben keinen oder nur geringen Erfolg gebracht?
- Warum haben welche Maßnahmen, Instrumente, Medien und Mittel wann und wo keinen Erfolg gebracht?
- Welche Einflussfaktoren, auch Aktivitäten der Konkurrenz, haben den Erfolg unterstützt oder behindert?

> Es geht immer darum, zu prüfen, wie sich Zielpersonen im Sinne der Kommunikationszielsetzungen verhalten haben.

Bei qualitativen Wirkungen ist es interessant festzuhalten, welche Informationen sich dauerhaft im *Langzeitgedächtnis* (LZG) der Zielperson festgesetzt haben und hier handlungsrelevant werden oder geworden sind. Und wie, in welcher qualitativen Ausprägung, die Ziel- oder Dialogpersonen die Botschaften aufgenommen haben bzw. wo es Missverständnisse gab.

18 Das Sieben-Phasen-Modell von Marketingkampagnen

Die Wirkung von Marketingkommunikation, speziell der Werbung, ist messbar an:

- *Quantitativen Ergebnissen*, z. B.:
  - Verkäufe, Nutzung der Leistung,
  - Spenden: Spendenhöhe, aus welchem Spender:innensegment,
  - Besucherzahlen bei Events, Messen und Veranstaltungen,
  - Anzeigencoupon-Rücksendungen,
  - Rücklauf von Direktmarketingaktionen,
  - Kontaktzahlen klassischer Medien,
  - Antworten und Dialoge im Internet.
- *Qualitativen Ergebnissen*, z. B.
  - Einstellungs-, Meinungs-, Verhaltensänderungen (nur möglich, wenn eine »Nullmessung« vorliegt!),
  - Abbau von Vorurteilen,
  - Lernergebnisse.

> Die Werbeerfolgskontrolle setzt voraus, dass zu kontrollierende Ziele definiert worden sind.

Der Bekanntheitsgrad eines Produktes, einer Leistung oder eines Unternehmens wird über die Messung des »*Werbe-Awareness*« erforscht: Für welche der vorgelegten Marken, Produkte, Dienstleistungen eines bestimmten Produktfelds ist die Werbeaussage, die Kampagnenidee bekannt?

- *Medienspezifische Werbe-Awareness (Bekanntheit):* Aus welchen Medien kennt die befragte Person die Werbeaussage?
- *Spontan erinnerte Werbeinhalte:* Alle Details, an die sich eine befragte Person erinnern kann.

Sechs Probleme, die oft eine Arbeit mit dem Modell scheitern lassen:

1. Es werden *nicht ausreichend tiefe Fragen in der ersten Phase gestellt.*
   Oft gibt es Tabus, Fragen, die nicht gestellt werden dürfen, z. B. nach der Kompetenz der Führungskräfte. Oft blockieren »Killerfragen« und die »Schere im Kopf« das Stellen von Fragen, die wichtig sind und Antworten finden müssen. Wird z. B. nach den Medien der Gemeinde gefragt und der oder die Fragende muss sich eingestehen, davon zu wenig zu wissen, wird die Frage erst gar nicht gestellt. Dabei ist es besonders wichtig zu wissen, was man nicht weiß oder welche Informationen fehlen, ggf. gar nicht zu erhalten sind.
2. Es wird *keine klare Analysenbilanz angefertigt.*
   Bei der Nennung von Schwächen denken Öffentlichkeitsarbeiter:innen oft daran, dass sie an den Schwächen sowieso nichts ändern können. So werden die Schwächen gar nicht erst aufgeführt und nicht einkalkuliert.
3. Es werden *keine klaren Ziele, Marketing-, Kommunikationsziele festgelegt:*
   Immer wieder scheuen sich die Öffentlichkeitsarbeiter:innen (und besonders deren Vorgesetzte), prüfbare Ziele zu formulieren. Es könnte ja tatsächlich jemand prüfen und Vorhaltungen machen, wenn die Ziele nicht erreicht worden sind.
4. Es werden *keine klaren Kommunikationszielgruppen benannt.*
   Oft ist die *Zielgruppendefinition* undeutlich und somit kann auch nicht festgelegt werden, welche Zielgruppe welche Kommunikationsziele erfüllen soll.
5. Es werden die *Medien nicht ausreichend über Reichweite, Kontakte und Wirkung geprüft.*
   Hier wird oft die altbekannte Formel verwendet: »*Das haben wir immer so gemacht; wir nutzen doch keine Anzeigenblätter oder* ...«
6. Es wird *keine echte Kontrolle durchgeführt.*
   Und somit weiß niemand, welche Erfahrungen für die nächste Kampagne wichtig sind.

18 Das Sieben-Phasen-Modell von Marketingkampagnen

Sieben Schritte, es besser zu machen:

1. *Fragen:*
   Wer fragt, bereitet Antworten vor; was nicht gefragt ist, wird nicht beantwortet.
2. *Antworten:*
   Antworten sind die Basis einer Analyse. Sie werden nie alle Antworten auf Ihre Fragen finden – aber Sie werden wissen, was Sie nicht wissen.
3. *Setzen Sie klare Ziele:*
   Operationalisierbare, in Zahlen festlegbar und emotionale Ziele. Legen Sie fest, wie Sie diese Ziele kontrollieren wollen, und definieren Sie ganz deutlich Ihre Zielpersonen bzw. Ihre Zielgruppe.
4. *Planung:*
   Denken Sie an die »W«-Fragen und daran, dass Ihre guten Ideen von Menschen umgesetzt werden müssen. Denken Sie an die Kapital- und Kompetenzkapazität.
5. *Kreation:*
   Wenn Sie mit externen Kreativen arbeiten: Briefen Sie die Fachleute außerordentlich gut. Jede:r Kreative ist bemüht, den eigenen Stil zu verbreiten, und der muss nicht der Ihre sein. Ohne gut vorgestellte Identität (CI) gestaltet Ihnen jede:r (s)eine eigene Gestaltung und ein eigenes Corporate Design.
6. *Produktion und Buchung:*
   Denken Sie an Buchungszeiten der Medien und an Produktionszeiten und Kapazitäten. Besprechen Sie mit Drucker:innen und Techniker:innen, was Ihr Ziel ist. Es sind schon viele gute Kampagnen schlecht gedruckt worden. Viele Plakatkampagnen hängen an falschen Plätzen, weil die guten schon von der Konkurrenz gebucht wurden.
7. *Kontrollieren Sie ehrlich:*
   Gesundbeten von Flops und Euphorie über Erfolge helfen nur bedingt, die nächste Kampagne erfolgreich nach dem Sieben-Phasen-Modell nach Kroeber zu planen.

Literaturverzeichnis

Altendorfer, O. (2004): Das Mediensystem der Bundesrepublik Deutschland, Band 2. Wiesbaden: VS Verlag für Sozialwissenschaften.

Bauer, J. & Hauser, A. (2006): Prinzip Menschlichkeit: Warum wir von Natur aus kooperieren (Vol. 2006). Hamburg: Hoffmann und Campe.

Bauer, M. J. & Jestaedt, D. (2024): Claims, Slogans und Hashtags als Instrumente der strategischen Markenführung: Grundlagen, Verwendung und relevantes Markenrecht, 2. Aufl. Wiesbaden: Springer Fachmedien.

Behrens, K. Ch. (Hrsg.) (1975): Handbuch der Werbung mit programmierten Fragen und praktischen Beispielen von Werbefeldzügen, 2. Aufl. Wiesbaden: Gabler Verlag.

Booms, B. H. & Bitner, M. J. (1981): Marketing Strategies and Organizational Structures for Service Firms. Marketing of Services. In: J. H. Donnelly & W. R. George (Hrsg.): Marketing of Services. Chicago: American Marketing Association.

Brockhaus (1843–1848): Allgemeine deutsche Real-Encyklopädie für die gebildeten Stände, Conversations-Lexikon, 15 Bände, 9. Aufl. Leipzig: F. A. Brockhaus.

Bruhn, M. (2018): Kommunikationspolitik, Systematischer Einsatz der Kommunikation für Unternehmen, 9. Aufl. München: Franz Vahlen.

Bruhn, M. (2022): Marketing: Grundlagen für Studium und Praxis. Wiesbaden: Springer.

Butzer-Strothmann, K. (Hrsg.) (2022): Integriertes Online- und Offline-Channel-Marketing: Praxisbeispiele und Handlungsempfehlungen für das Omni-Channel-Marketing. Wiesbaden: Springer Gabler.

Christa, H. (2010): Grundwissen Sozio-Marketing: Konzeptionelle und strategische Grundlagen für soziale Organisationen. Wiesbaden: VS Verlag für Sozialwissenschaften Wiesbaden.

Deutscher Bundestag (2008): Bericht des Ausschusses für Bildung, Forschung und Technikfolgenabschätzung (18. Ausschuss) gemäß § 56a der Geschäftsordnung. Technikfolgenabschätzung (TA), TA-Projekt: Hirnforschung, Drucksache 16/7821, https://dserver.bundestag.de/btd/16/078/1607821.pdf, Zugriff 14.04.2025.

Domizlaff, H. (2005): Die Gewinnung des öffentlichen Vertrauens: Ein Lehrbuch der Markentechnik, 7. Aufl. Hamburg: Marketing Journal.

Edler, F. (1966): Werbetheorie und Werbeentscheidung. Wiesbaden: Betriebswirtschaftlicher Verlag Dr. Th. Gabler.
Fachakademie KI&Text (2024): https://www.texterclub.de, Zugriff 21.08.2024.
Fundraising Akademie (Hrsg.) (2016): Fundraising, Handbuch für Grundlagen, Strategien und Methoden, 5. Aufl. Wiesbaden: Springer Gabler.
Gröppel-Klein, A. (2022): Geschichte der BWL – Die Konsumentenverhaltensforschung in Marketing und Betriebswirtschaftslehre. In: W. Matiaske & D. Sadowski (Hrsg.): Ideengeschichte der BWL II. Wiesbaden: Springer Gabler, S. 179–212.
Gross, P. (1994): Die Multioptionsgesellschaft. Frankfurt: Suhrkamp.
Häusel, H.-G. (2019): Neuromarketing. Erkenntnisse der Hirnforschung für Markenführung, Werbung und Verkauf, 4. Aufl. Freiburg: Haufe.
Heinrich, S. (2020): Content-Marketing: So finden die besten Kunden zu Ihnen, 2. Aufl. Wiesbaden: Springer Gabler.
Heuer, G. F. (1968): Elemente der Werbeplanung, Band 4. Wiesbaden: VS Verlag für Sozialwissenschaften.
Hoffjann, O. (2023): Public Relations. Wiesbaden: Springer.
Hoffmann, H. J. (1981): Psychologie der Werbekommunikation, 2. Aufl. Berlin, New York: Walter de Gruyter & Co.
Hoffmann, S. (2022): Marketing Funnel, Targeting und Attributionsmodellierung. In: K. Butzer-Strothmann (Hrsg.): Integriertes Online- und Offline-Channel-Marketing. Wiesbaden: Springer Gabler, S. 125–141.
Homburg, Ch. (2020): Marketing-Management: Strategie – Instrumente – Umsetzung – Unternehmensführung, 7. Aufl. Wiesbaden: Springer Gabler.
Horx, M. (2006): Nicht mehr, sondern sinnvoll kaufen. In: absatzwirtschaft – Zeitschrift für Marketing, Heft 2, S. 31.
Hoxtell, A. (2022): Social Marketing, Verhaltensänderungen fürs Gemeinwohl – Eine anwendungsreiche Einführung. Wiesbaden: Springer Gabler.
Hundhausen, C. (1969): Werbung, Grundlagen. Berlin: Walter de Gruyter & Co.
Hutter, K. & Hoffmann, St. (2014): Professionelles Guerilla-Marketing: Grundlagen – Instrumente – Controlling. Wiesbaden: Springer Gabler.
Keite, L. (2024). Corporate Identity im digitalen Zeitalter. Leitfaden zu einer starken Unternehmensidentität, 2. Aufl. München: Haufe.
Kirchem, S. & Waack, J. (2021): Personas entwickeln für Marketing, Vertrieb und Kommunikation. Grundlagen, Konzept und praktische Umsetzung. Wiesbaden: Springer Gabler.
Koch, J. & Riedmüller, F. (2025): Marktforschung. Grundlagen, Instrumente und Fallbeispiele aus der Praxis, 9. Aufl. München: De Gruyter Oldenbourg.
Koch, Th. (2018): Nie war die Botschaft so wertlos wie heute. In: wirtschaftswoche vom 9.10.2018.
König, Th. (1924): Reklame-Psychologie, ihr gegenwärtiger Stand, ihre praktische Bedeutung. München, Berlin: R. Oldenbourg.

Kotler, P., Keller, K. L. & Opresnik, M. O. (2017): Marketing-Management: Konzepte – Instrumente – Unternehmensfallstudien. München: Pearson.

Kotler, Ph., Armstrong, G., Wong, Ve. & Saunders, J. (2011): Grundlagen des Marketings, 5. Aufl. München: Pearson Studium.

Kotler, Ph. & Zaltman, G. (1971): Social Marketing: An Approach to Planned Social Change. In: Journal of Marketing, 35, S. 4.

Kroeber, W. (2016): »Das Sieben-Phasen-Modell systematischer Kommunikation«. In: Fundraising Akademie (Hrsg.): Fundraising – Handbuch für Grundlagen, Strategien und Methoden, 5. Aufl. Wiesbaden: Springer Gabler, S. 375 ff.

Kroeber-Riel, W. & Gröppel-Klein, A. (2019): Konsumentenverhalten, 11. Aufl. München: Vahlen.

Lammennett, E. (2021): Praxiswissen Online-Marketing: Affiliate-, Influencer-, Content-, Social-Media-, Amazon-, Voice-, B2B-, Sprachassistenten- und E-Mail-Marketing, Google Ads, SEO, 8. Aufl. Wiesbaden: Springer Gabler.

Levinson, J. C., Dillehay, J. & Harting, M. (2018): Guerilla Marketing for Direct Selling: Your Personal Marketing Plan to Generate More Leads, More Referrals, and More Repeat Business. Chandler (AZ): Warm Snow Publishers.

Lies, J. (2015a): Kompakt-Lexikon PR: 2.000 Begriffe nachschlagen, verstehen, anwenden. Wiesbaden: Springer Fachmedien.

Lies, J. (2015b): Praxis des PR-Managements: Strategien – Instrumente – Anwendung. Wiesbaden: Springer Fachmedien.

Matusiewicz, D., Stratmann, F. & Wimmer, J. (Hrsg.) (2019): Marketing im Gesundheitswesen: Einführung – Bestandsaufnahme – Zukunftsperspektiven. Wiesbaden: Springer Gabler.

McCarthy, E. J. (1960): Basic Marketing: A Managerial Approach. Homewood: Richard D. Irwin.

Meffert, H. (2003): Individualisierung und Interaktivität als Erfolgsfaktoren im Marketing. In: absatzwirtschaft – Zeitschrift für Marketing. Online-Ausgabe vom 15.10.2003. https://www.absatzwirtschaft.de/individualisierung-und-interaktivitaet-als-erfolgsfaktoren-im-marketing-200305/, **Zugriff 29.06.2025.**

Meffert, H., Burmann, Ch., Kirchgeorg, M. & Eisenbeiß, M. (2024): Marketing: Grundlagen marktorientierter Unternehmensführung: Konzepte – Instrumente – Praxisbeispiele, 14. Aufl. Wiesbaden: Springer Gabler.

Merten, K. (2015): Kommunikation und Persuasion. In: R. Fröhlich, P. Szyszka & G. Bentele (Hrsg.): Handbuch der Public Relations. Wiesbaden: Springer VS. https://doi.org/10.1007/978-3-531-18917-8_24

Niebler, P. & Lindner, D. (2022): Datenbasiert entscheiden: Data Analytics in der Unternehmenspraxis, 2. Aufl. Wiesbaden: Springer Fachmedien Wiesbaden.

Oeckl, A. (1994): Die historische Entwicklung der Public Relations. In W. Reineke & H. Eisele (Hrsg.): Taschenbuch Öffentlichkeitsarbeit, 2. Aufl. Heidelberg: Sauer-Verlag.

Packard, V. (1978): Die geheimen Verführer: Der Griff nach dem Unbewussten in jedermann. Berlin: Ullstein.

Pepels, W. (2012): Handbuch des Marketing, 6. Aufl. München: Oldenbourg.

Piketty, Th. & Sandel, M. (2025): Die Kämpfe der Zukunft. Gleichheit und Gerechtigkeit im 21. Jahrhundert. München: C. H. Beck.

Planung&analyse (2010): Sinus-Milieus 2010. https://www.horizont.net/planung-analyse/nachrichten/Sinus-Milieus-2010-150477, Zugriff 02.09.2024.

Purle, E., Arica, M., Korte, S. & Hummels, H. (2023). B2B-Marketing und Vertrieb: Strategie – Instrumente – Umsetzung. Wiesbaden: Springer Gabler.

Ruckh, M. F., Noll, Ch. & Bornholdt, M. (Hrsg.) (2007): Sozialmarketing als Stakeholder-Management: Grundlagen und Perspektiven für ein beziehungsorientiertes Management von Nonprofit-Organisationen. Bern: Haupt Verlag.

Schweiger, G. & Schrattenecker, G. (2021): Werbung. Einführung in die Markt- und Markenkommunikation, 10., erw. Aufl. Tübingen: UTB.

Seyffert, R. (1952): Wirtschaftliche Werbeplanung, 4. Aufl. Wiesbaden: Springer Fachmedien.

Siegert, G. & Brecheis, D. (2024): Werbung in der Medien- und Informationsgesellschaft. Eine kommunikationswissenschaftliche Einführung, 4. Aufl. Wiesbaden: Springer VS.

Sinus (2010): Die Sinus-Milieus: Update 2010: Hintergründe und Fakten zum neuen Sinus-Milieumodell, Heidelberg, Berlin, Zürich: Sinus, https://detektor.fm/wp-content/uploads/2010/09/Update_2010_Hintergruende_und_Fakten1.pdf, Zugriff 22.04.2025.

Sinus Institut (o.J.): https://www.sinus-institut.de, Zugriff 21.08.2024.

Smith, A. (1776): The Wealth of Nations: An Inquiry into the Nature and Causes of the Wealth of Nations. London: W. Strahan and T. Cadell.

Sommer, J. W. (1963): Public Relations – Werbung – Propaganda. In: GfM-Mitteilungen zur Markt- und Absatzforschung, 1963, Heft 3, S. 91.

Spitzer, M. (2012): Digitale Demenz: Wie wir uns und unsere Kinder um den Verstand bringen. Droemer Knaur.

Steiner, P. (2023): Quick Guide Visuelles Marketing: Wie Sie mit visuellen Reizen Ihre Marke stärken. Wiesbaden: Springer Gabler.

Strott, R. (2022): Einführung in die Mediaplanung. Grundlagen für klassische und digitale Kanäle. Wiesbaden: Springer Gabler.

Vögele, S. (2003): 99 Erfolgsregeln für Direktmarketing. Der Praxis-Ratgeber für alle Branchen, 5. Aufl. Frankfurt a.M.: Redline Wirtschaft bei Verlag Moderne Industrie.

Walsh, G., Deseniss, A. & Kilian, T. (2020). Marketing: Eine Einführung auf der Grundlage von Case Studies, 3. überarb. und erw. Aufl. Berlin, Heidelberg: Springer-Verlag. https://doi.org/10.1007/978-3-662-58941-0